社会学丛书

农村公共服务平台：服务与设施

张勇　著

中国社会科学出版社

图书在版编目(CIP)数据

农村公共服务平台：服务与设施／张勇著．—北京：中国社会科学出版社，2017.11

ISBN 978-7-5203-1212-7

Ⅰ.①农…　Ⅱ.①张…　Ⅲ.①农村—社会服务—研究—中国　Ⅳ.①D669.3

中国版本图书馆 CIP 数据核字(2017)第 255446 号

出 版 人　赵剑英
责任编辑　冯春凤
责任校对　张爱华
责任印制　张雪娇

出　　版　中国社会科学出版社
社　　址　北京鼓楼西大街甲 158 号
邮　　编　100720
网　　址　http://www.csspw.cn
发 行 部　010-84083685
门 市 部　010-84029450
经　　销　新华书店及其他书店

印　　刷　北京君升印刷有限公司
装　　订　廊坊市广阳区广增装订厂
版　　次　2017 年 11 月第 1 版
印　　次　2017 年 11 月第 1 次印刷

开　　本　710×1000　1/16
印　　张　11.5
插　　页　2
字　　数　181 千字
定　　价　58.00 元

目　录

前　言

进入21世纪以来，我国进入以社会建设为重点的发展阶段，而社会建设的重要内容则是基本公共服务均等化战略的实施。在实践中，不论是在广度还是深度上，国家推进基本公共服务均等化都取得了前所未有的成果。基本公共服务均等化，其根本上产生于居民需求，是国家责任或职责的重要体现，与国家经济社会发展水平及国家决策导向紧密相关。基本公共服务均等化实施重心在基层，其难点也在基层，特别是落后地区和农村地区，对基本公共服务状态和述评评价的观测点也在基层，中央和地方的很多决策，都将“基层”作为基本公共服务均等化的重点工作区域或对象，因为基本公共服务均等化最直接的目标就是将基本公共服务覆盖到基层、惠及到基层、渗透到基层。而推进基本公共服务均等化，是一个长期的有步骤的过程，不可能一蹴而就，其至少要首先在理论上解决两个问题：一是哪些公共服务应该最先实现均等化；二是如何推进各项公共服务均等化。前者要求我们对基本公共服务的内容外延有具体性的界定；后者要求我们必须找到推进基本公共服务均等化的有利抓手。

农村是公共服务供给的“短板”，也是推进基本公共服务均等化的重点，同时，农村对基本公共服务又有着特殊性和具体性的要求，所以，必须对农村基本公共服务的内涵与外延有着较为明晰的判断；同时，对于如何更好地推进基本公共服务均等化，笔者认为建立农村公共服务平台是重要抓手，或者是突破口。即在乡镇和村（主要指行政村或社区）这一层级建立综合性的公共服务平台，该平台作为承接从上至下的公共服务平台，同时负有组织有效供给公共服务的功能，这一做法在很多地方经过试点试验，已经纳入国家有关政策之中。各个地方在探索此类综合性公共服务平台建立过程中，其职能定位、组织形式、属性定位等都存在差异，就形式上而言，各个地方对此类综合性公共服务平台的名称各异，诸如"综合服务中心/站"、"公共服务中心/站"、"社区服务中心/站"、"社区公共服务中心/站"、"家庭综合服务中心"、"党群服务中心/站"等，还有农村地区建立的"三农服务站"等。而且，上述的各类名称所对应的层级也有不同，有的在村/社区层级以"站"命名，但个别地区在村/社区层级就以"中心"命名，但总体上来说，大多数地方实践探索中，在乡镇/街道层级设置的服务平台多以"中心"命名，在村/社区层级设置的服务平台多以"站"命名。尽管各服务平台名称各异，但基本目的是一致的：实现基本公共服务深达基层，提高基本公共服务效率。同时，这种多样化名称的背后，体现着不同的地区对综合服务平台设置的不同探索，体现了各个地方对此类综合公共服务平台的功能与职责定位、服务内容与设施配置、管理体制与运行模式等方面都有着不同的实践探索，也正是这种多样化的实践探索，绘成了我国改革开放绚丽斑斓的改革画卷。本研究正是旨在对农村公共服务平台的服务内容体系和设施配置规范进行研究，以期能为当前的改革实践提供理论上的指引和决策上的参考。

湛江市于2013年启动创建农村基本公共服务均等化示范村活动，该创建活动的直接目的在于以此推进湛江市农村地区基本公共服务均等化，其特点在于选择农村地区作为基本公共服务均等化的突破口，路径上采取"试点"示范的实施策略。该实践取得了一定成果，目前正在进一步推进中，但依然面临如何更有效、更深入推进的问题，笔者认为，首要抓手或首要任务是建设公共服务平台。因此，本研究是在基本公共服务均等化的宏观背景下，结合湛江市实践与经验，对推进基本公共服务均等化及公共服务平台建设所做的理论探索。

第一章　基本公共服务均等化的“后转型”背景

农村公共服务平台建设是推进基本公共服务均等化的抓手或突破口，而公共服务平台建设最为根本的就是首先要对平台上的服务内容体系进行界定，对平台内的公共服务设施建立相应的配置标准。从宏观背景来看，农村公共服务平台研究，是基于当前我国经济社会发展到一个新的时期，国家推进基本公共服务均等化政策进入新阶段情况下的研究。那么，我们目前推进基本公共服务均等化，各地也在如火如荼地开展农村公共服务平台建设，那么，是在什么样的具体背景下展开？或者说是什么样的环境和条件影响和制约着当前基本公共服务均等化的决策和实施，影响和制约着乡村公共服务平台的功能定位、服务标准与设施配置？

一　社会结构进入“后转型”时代

社会转型是一个比较性和动态性的概念范畴，描述的是“变化”之意。社会转型，即从一种状态和属性转到另外一种状态和属性，体现着事物发展变化之过程和特征，其“转型”二字，突出了社会变化的深度和广度这一特殊属性，这种变化对事物发展过程而言，具有整体性和阶段性意义，意味着事物的属性和状态前后有着较大程度和较大范围的变化，甚至是根本属性发生了变化；对事物发展过程而言，具有阶段性，意味着事物从一个阶段发展到另外一个阶段。当然，这种阶段性的变化并非截然断裂式的跨越，往往是潜移默化的变迁过程。因为社会所涵盖对象和内容的复杂性和多样性，在不同的研究语境和话语体系中，或者研究者根据研究需要进行有侧重的选取或强调，导致社会转型在不同语境中有着不同指向和内涵。本书所言的社会转型意指从改革开放以来，中国社会从以计划经济体制为基础的社会状态向以社会主义市场经济体制为基础的社会状态转型。这一社会转型过程带来了社会各个领域的巨大变化，经历着从量变到质变的飞跃。虽然从“长时段”来看，社会转型是一个连续和长期过程，但在转型之前这种连续和长期过程中，往往存在着一个相对稳定的状态，经历转型过程后，又会进入另外一种相对稳定的状态，尽管依然在发展和变化，而在转型时期内，更多呈现的是动态性。也正是因为前后两个状态有着相对稳定属性或特征，我们才谈得上是“型”之转变，才能比较清晰地分辨其阶段性。基于此种理解，尽管我国当前依然处于社会转型时期，社会转型始终在持续，但我们把当前我国正在经历的这场转型与起始于20世纪70年代末的改革开放所引起的社会转型相比较，将当前经历的这场转型称为“后转型”，基于此，甚至可以说我们进入了一个“后转型”时代，而且这种“后转型”当前正在进入一个新的“关口期”。当前我们正经历的“后转型”与上一轮的转型有着诸多区别，这里仅仅从狭义的社会结构层面上，将与本课题研究有关的方面进行分析。

（一）社会结构正在进入新的剧烈变迁的“关口期”

狭义上的社会结构（social structure）是指一个国家、部落、部族或地区占有一定资源、机会的社会成员的组成方式及其关系格局，包含种群数量结构、家庭结构、社会组织结构、城乡结构、区域结构、就业或分工结构、收入分配结构、消费结构、社会阶层结构等若干重要子结构，其中社会阶层结构是核心。研究者通常通过对种群数量结构、群体组合结构、个体活动位置结构、主体生存地域空间结构、生活方式结构，以及社会经济、政治、法律、文化等各方面各领域的构成及相互关系等方面对其进行观测和研究。考察一个社会的社会结构，最为重要的在于分析研究其组成部分的地位、角色、群体和制度方面的特点。纵观我国改革开放后近40年的社会转型过程，社会结构在经历过一段相对强烈的变化之后，在进入一个相对稳定状态过程中，又在积累着新的变革能量和潜能。当前，我国总人口规模开始趋于常态式的稳定，人口增长开始呈现常态化趋势，但人口老龄化趋势和节奏格外明显，且将会对社会养老、家庭等多领域产生重大影响，需要我们必须对此现象和现实作出积极回应；在家庭结构方面，核心家庭逐渐成为社会家庭类型的主体，并且在可预期的相当长时期内，这种趋势将保持稳定，但核心家庭对传统的家庭抚育和照顾体制，以及人们的传统养育观念带来挑战；在社会组织结构方面，在经历数量大幅增长之后，目前正进入以“质”的提升为重点的相对平缓发展时期，但社会组织管理体制改革与社会现实需要的差距依然较大；在城乡结构方面，以城乡封闭与割裂为特征的旧“城乡二元体制”逐渐被击碎和化解后，但又出现因市场力量为主导促成的新的“城乡二元体制”，反映在城乡差距的扩大以及城乡发展的失调、脱节甚至对立等方面，而且，这种新的“城乡二元体制”给整个社会的可持续发展带来了顽固阻力和深深伤害，而打破这种新的“城乡二元体制”尤为困难；社会就业与分工结构方面，在经历了上一轮波澜壮阔的调整之后，尽管新的产业和领域在不断出现，但各行各业发展开始进入相对稳定时期，人们的就业领域与就业形势也逐渐开始走向平稳，但社会分工面临着重新整合的压力，行业差距与失衡似乎愈演愈烈，并开始侵蚀着社会肌体；在收入分配结构方面，尽管社会各群体的收入都有着较大幅度的上升，但行业之间收入差距明显扩大，且有进一步增大趋势，而且劳务性收入在社会中比重处于较低水平，金融性收入迅速膨胀给社会带来一定的风险性因素；在消费结构方面，大多数居民逐渐从满足温饱需求的消费转向耐用消费品和小康层次的消费品消费，但存在普通居民消费乏力，而高端群体过度消费等问题，不仅严重制约着我国经济社会发展，而且会带来社会阶层分化严重化和彼此间的对立，甚至仇视；最为关键的是社会阶层方面，从曾经的“两阶级一阶层”的局面迅速分化为五阶级十阶层①，社会阶层之间在经历频繁的水平流动和剧烈的上下流动之后，近年来社会阶层的纵向上升流动日益困难，导致社会阶层开始呈现“固化”的趋势，而这无疑将是社会有机体保持活力的魔咒。上述多种因素转型过程也产生或孕育着新的矛盾，当然，也积累着改革的新能量，在一定意义上，当前我们正处在解决现实问题的关口期。所谓的关口期，主要体现在两个方面：一则意指在此阶段，各种社会矛盾已积累到一定程度，而且处于一种相对全面展示的呈现状态，并保持相对稳定态势，我们能够较为清晰、准确地对当前社会现实与深层次的矛盾进行观察、分析，进而也是解决矛盾的关键时期；二则是指当前阶段处于解决社会矛盾的关键点和关键时期，此阶段的改革和社会发展决策，不仅决定着当前社会矛盾解决的效果，而且对今后社会改革和发展具有方向性意义，对此后社会发展的方向或态势有着重要制约。

（二）我国进入城乡统筹发展新阶段

城乡结构是社会结构中重要内容和组成部分，城乡结构对基本公共服务的供给有着特殊地位和作用，而且，我国正在推进城乡统筹发展战略，城乡结构的新变化和新发展，将对基本公共服务均等化实施产生重大影响。

历史上我国是一个典型的“以农立国”的国家②，新中国成立之后直到20世纪70年代，我国推行的是工业优先发展战略，后逐

---

① 陆学艺：《当代中国社会阶层研究报告》，社会科学文献出版社2002年版，第4页。

② 徐勇：《中国发展道路：从“以农立国”到“统筹城乡发展”》，载于《华中师范大学学报》2010年第4期，第50页。

步演化为城乡分割的制度与现实。尽管在 1956 年毛泽东著名的《论十大关系》中提出了“重工业、轻工业和农业的关系”，但认为“重工业是国家建设重点”①，在实践中形成了“以农补工”的发展道路，城乡发展不仅呈现二元化，而且被制度化。这种城乡分割二元的道路和“以农补工”策略，虽然为建成较为完整的工业体系奠定了基础，但造成农民、农村和农业的发展不足，更为严重的城乡二元分割制度，不仅严重制约着乡村的发展，也制约着城市的进一步发展。伴随着起始于 20 世纪 70 年代末 80 年代初的改革开放，在 80 年代到 90 年代，我国重新确立了农业和农村的基础地位，强调了农业和农村对于社会的重要性，邓小平在《建设有中国特色的社会主义》中认为：“中国有百分之八十的人口在农村，中国稳定不稳定首先要看这百分之八十稳定不稳定。城市搞得再漂亮，没有农村这一稳定的基础是不行的。”② 实践中，我国的改革最早也是诞生于农村，发轫于农村的，也取得巨大成果，甚至有学者认为是“中国自由的农民改变了中国”③。但另一方面，从 80 年代中后期开始，我国改革重点开始移向城市，发展重心移向沿海，其结果是东部沿海地区和城市迅速发展，中西部地区和农业发展相对滞后，城乡差距急剧扩大。而且在此阶段，城乡要素的流动处在一种不平等的地位和状态，而且带来了社会结构的紧张。因此，到 20 世纪末期，我国经过改革开放 20 多年的发展，虽然国家经济实力迅速增强，但城乡发展处于严重不均衡状态，农业基础仍然薄弱、农村发展仍然滞后、农民收入仍然较低，农村需求严重不足，这一状况又严重制约着整个国民经济和社会发展。于是，在 2003 年党中央提出科学发展观，由重点发展走向统筹发展，居于首要地位的是统筹城乡发展。

---

① 《毛泽东文集》（第 7 卷），人民出版社 1999 年版，第 24 页。

② 《邓小平文选》（第 3 卷），人民出版社 1993 年版，第 65 页。

③ 徐勇：《农民改变中国：基层社会与创造性政治——对农民政治行为经典模式的超越》，载于《学术月刊》2009 年第 5 期。

城乡统筹发展是在我国已经进入“以工支农、以城带乡”的时代背景下开启的，其目的在于通过重点支持农业和农村发展，实现工农、城乡的协调均衡发展。2010 年的党中央 1 号文件《关于加大统筹城乡发展力度进一步夯实农业农村发展基础的若干意见》，其直接目的在于解决城乡统筹发展过程中的体制障碍问题，表明国家着眼于从制度上保障统筹城乡发展战略的实施，将统筹城乡发展的思想、政策和行为提升到立国制度层面，城乡统筹战略是对传统“以农立国”和近代以来城乡二元发展制度的历史性超越①。从 21 世纪开始，我国城乡统筹战略布局主要体现在以下几个方面：“多予少取”：废除农业税，实行农产品补贴和加强农业投入制度；“国民待遇”：强化农村公共物品供给的国家责任的制度；“城乡互动”：实现生产要素合理流动并向农村倾斜的制度；“城乡一体”：改变城乡分割的社会管理体制；“农村城镇化”：形成以城镇为中心的社会体制。②

城乡统筹的发展战略为解决城乡二元化问题，为中国再次腾飞和发展积蓄了力量并提供了可能。但在实践中，我们下一步的发展却面临着不得不解决的以下难题。

1. 城乡统筹政策面临市场力量的挤压与侵蚀，部分消解和降低了城乡统筹政策的实践效果。从我国政策调整而言，从 21 世纪初，我国已明确提出城乡统筹的战略部署，这一部署是在我国市场经济改革进一步深化的基础上推进的，城乡统筹政策无疑是要在市场经济大环境中实施并发挥作用。但是，市场力量所具有的“天然扩张性”与“逐利性”，特别是在市场体制机制存在一定程度不健全的时候和领域，市场力量随时可能造成对城乡统筹所预设目标的冲击或消解，例如，在统筹城乡资源配置方面，我们一直强调城

① 徐勇：《中国发展道路：从“以农立国”到“统筹城乡发展”》，载于《华中师范大学学报》2010 年第 4 期，第 50 页。

② 同上书，第 50—53 页。

乡资源和人力的平等性流动，以达到合理配置目的，但在实践中却存在悖论：一方面，乡村发展需要城市资源“注入”，但在客观实践中，因为城市对于发展而言所具有的强大“聚集”效应，其结果依然是大量的乡村资源向城市聚集与集中，在一定程度上，乡村的资源包括人力流向城市的趋势并没有改变；另一方面，某些城市资源，特别是“资本”在“资本下乡”洪流中的确“下乡”了，但由于“资本”的天性，加上社会制度和规制的缺陷，导致某些“下乡”的资本开始在乡村“肆虐”，城市资本的目的不是在乡村“生根”，而是将乡村作为攫取利润的新场所。这种现实悖论的存在，一方面消解了城乡统筹改革举措的实践效果，背离了城乡资源统筹的目的；另一方面也埋下了新的城乡矛盾与隔阂的种子。特别是近几年来，各式各样的“项目制”成为各级政府的重要政策手段，特别是当某些“项目制”与具有高度公共性和公平性的“扶贫”政策结合在一起的时候，带来的实践结果却十分复杂：某一项目的实施，一方面要面临项目低效甚至无效的风险，因而会尽力采取市场化方式提高项目效率；但另一方面，在项目实施过程中面临“过度市场化”或“不应有的市场化”操作的风险，都可能导致项目实施的扭曲和项目原设目的的消解。这种实践结果，带来的不仅是某一个项目的失败与成功，而会传导和影响我们整个改革步骤与策略的选择，更会影响社会民众对改革举措的认识和对改革的信心。因而，当前我国城乡统筹发展，如何引入、规范和合理利用市场的力量，至关重要，也是推进农村基本公共服务均等化所必须面临和解决的问题。

2. 城乡统筹改革重点从“硬件”逐渐转移到“软件”上来。城乡统筹总的方向是“补短板”，重点是补“乡”这个“短板”。有学者认为，从内容而言，城乡统筹的内容包括统筹城乡规划建设、统筹城乡产业发展、统筹城乡管理制度、统筹城乡收入分配[①]；有

① 高尚全：《统筹城乡发展是我国城市化的重要战略》，http://www.ciudsrc.com/new_fenghui/disijiefenghuixinwen/2011-01-06/9360.html。

学者认为统筹城乡发展应包括统筹城乡生产力布局、统筹城乡就业、统筹城乡基础设施、统筹城乡社会事业发展和社会管理、统筹城乡社会保障体系①。总体上而言，我们可以将城乡统筹的对象或内容分为两个方面："硬件"和"软件"。所谓"硬件"，就是以资源和设施为代表的物质性、可视化的对象；所谓"软件"，就是以"制度"和"服务"为代表的隐性内容为对象。"软件"与"硬件"紧密相关，"软件"依附于"硬件"之中，"硬件"是"软件"的承载载体，在城乡统筹实践过程中，各自重要性有着时间上先后位序性的不同安排。城乡统筹的直接目的在于解决"乡村"问题的现实需要，最迫切、最直接的首要任务是要解决"资源"和"设施"短缺，也因为如此，我国很多地方城乡统筹的首要工作内容或工作重点，是进行资源投入和相关设施的配置，而且，这种资源投入和设施配置往往能够起到立竿见影的可视化效果，其效果往往也是"显性"的，在我国当前官员激励和地方考评机制下，在地方政府财力允许的情况下，地方政府进行以"硬件"为重点的城乡统筹行动显得尤为"理性"而"实际"，因为该行为不仅满足了中央和上级推行城乡统筹战略的执行政策需要，而且因其具有的"可视化"物质呈现效果，也更容易获得上级和民众的认同，因而，地方政府对"硬件"的投入保持着较高的积极性。当然，我们不可否认的是，在为获取"可视化"效果的冲动下，部分地方出现一些"过度性"或"无效性"的设施配置或资源投入。资源投入和设施配置是城乡统筹的基础或前提，十分重要，但与此同时，我们不能忽视的是，城乡统筹目标的实现，更内在的需要统筹城乡的"制度安排"和"服务或管理"的统筹供给。一方面，资源和设施配置后的运营和管理都依赖于统筹的制度与规范安排，离开城乡统筹的"制度"、"服务"、"管理"等"软件"支撑，投入

① 秦庆武：《统筹城乡发展的基本内涵与重点》，载于《山东农业大学学报》2005年第1期，第13—16页。

和配置的资源和设施等“硬件”也难以发挥良好效果；另一方面，“制度供给”是引导和规范“硬件”得以合理、高效投入和配置的制度性保障，合理的制度供给会激发政府和社会更积极的力量投入到城乡统筹的行动中，特别是基本公共服务供给的行动中，并且，合理的制度安排也是消除“无效”或“低效”配置公共资源和设施的重要措施。目前，我国的城乡统筹已发展到以“制度”统筹为重点的阶段，其关键在于社会管理和服务的制度统筹，而面向城乡统筹的制度改革则是城乡改善实践最为核心的组成部分，其改革难度也更大，甚至可以说统筹城乡制度供给才是城乡统筹战略的关键。在可以预期的今后及其相当长一个时期，打破城乡间制度壁垒，统筹城乡各项制度安排，是工作的重要内容。

3. 城乡统筹策略从“注入资源”到“创造资源”的转变。实施城乡统筹战略的直接动因来源于补“乡”短板的需要，其前期的重要任务或目的就是“补齐”短板，而补齐短板最直接的方式就是“注入资源”，特别是投入基础公共设施等公共资源。在客观上，“乡村”的公共资源，特别是公共基础设施的配置的确存在不足或短缺，的确需要大力投入性的配置与补充。从21世纪初以来，为实现乡村公共资源配置的均等化，党中央和国家采取了一系列的“惠民工程”或“惠农工程”，如“农村电网改造”、“农村饮用水安全工程”、“农村危房改造”、“农村村村通工程”、“农村信息化工程”等，这些项目或工程最明显特征之一，就是其资源和设施的配置多是“注入性”的，是外部力量注入乡村内部的，并且，这其中所需资金很多来自于中央和省级财政的转移支付①。诚然，由于历史上相当长时期内“以农补工”、“优先发展城市”战略的实施，21世纪以来，国家对乡村的资源性投入具有“工业反哺农业、城市反哺乡村”的回馈意蕴。的确，外部资源的注入，是解

① 这种财政支付模式也体现了近年来我国财政体制改革的成功，体现了各级政府之间财权和事权的合理化。

决乡村资源不足的重要途径，而且在客观上，必备的资源和设施配置是保障居民基本生活条件和生产条件的基本条件，是对居民基本权利保护的需要，因而，“注入性”资源和设施配置对保障居民的基本生活和生产是必需的，也是政府履行“兜底性”政府责任的重要体现，也是政府重要职责的要求，这种“注入性”的资源投入，也为居民生产和生活提供了基本的保障。但这种“外源”性的资源供给，在实践中也存在一定的问题：一方面，注入性投入资源，财政资金投入比较大，地方政府面临投入能否可持续的压力；另一方面，在实践中，有时因决策中利益相关者的缺席或参与不足，容易出现资源配置与居民需求的错位，从而导致低效或无效资源和设施配置。其实，解决城乡统筹发展问题，离不开对乡村自身资源的开发与利用，关键在于促使乡村具有自我生存和发展能力，要使乡村具备“自我造血”的能力，这种经验在我国扶贫历程得以体现和验证，当然，扶贫本身也是城乡统筹的重要内容，我国很早就开启扶贫历程，特别是从21世纪初以来，中央打响了扶贫攻坚战，在对贫困地区进行输血的同时，正在开启以扶持“贫困地区”和“贫困人口”的自我致富能力为重点的扶贫模式，而不仅是简单地给予金钱和物质上的“救济”，我们将此种方式称为“造血式”扶贫。当然，“造血式”扶贫也好，增强农民和乡村自我发展能力也罢，不是不要外部资源的注入，而是强调外部资源进入和设施配置，要瞄准乡村地区和居民自我发展能力的提升这一核心问题。让农村与农民具备自我创造资源的能力，比单纯的“救济”性施与需要更高的政策水平和执行技术。近年来我们提出的“精准扶贫”、“社会治理精细化”理念，正是政府治理实践中利用政策水平和政策技术水平提高的体现。但以“创造资源”为重点的城乡统筹给传统的治理模式、发展方式都带来一定的改变，需要政府、社会和居民个人多主体的协商与合作。

总之，当前我国城乡统筹战略进入了一个新的阶段，城乡统筹逐渐地从宏观阶段迈入了微观阶段，从宏达的政策叙事走入了精细化和精准的描绘当中，这些都给我们提出了新的挑战，特别是需要我们谨防实践中出现“在力图消除城乡分割的同时，却在制造着新的城乡分割”的局面。

二　社会新旧矛盾“共振”，改革进入攻坚期

起始于20世纪七八十年代的改革尽管是在“摸着石头过河”式的实践探索中进行的，但其改革的对象与改革目的，或是改革所要割除的矛盾，社会主流群体是达到最大程度的相对一致的，或者说社会对解决既存的社会矛盾与矛盾的认识是存在一定共识的，尽管当时对改革方向的判断可能是模糊的、实践中也是探索性的，但社会上的相当多数的阶层和力量都普遍认为“文革”必须终止，“总体性”的社会体制必须要进行改革，计划经济体制必须要改革；必须要解决权力过分集中问题，要推动政治民主化进程；等等。这种社会共识积累了相当大的改革动力，也在实践中取得了巨大成就：经济上，我们建立起了社会主义市场经济体制；政治上我们确立依法治国的方略，保障和发展中国人权事业；等等。中国以其空前的经济发展速度和日益增强的综合国力，向社会和全世界证明了中国改革开放的成功，甚至有学者用“中国模式”来概括中国的发展模式。

但由于改革复杂性及任务艰巨性等多方面因素的影响，一方面，有些历史既存的矛盾还没有彻底根除，其影响还在持续；另一方面，在改革过程中，又产生和积累了大量的社会新矛盾、新问题。“旧矛盾”和“新矛盾”交织在一起，加剧了社会矛盾的复杂性，这是当前我国社会进入“后转型”时期的一个突出特点。总的看来，社会中既有历史既存的现在还没有解决的旧矛盾，也有因旧矛盾没有彻底解决而产生的矛盾变异体式的新矛盾，有的则是因新体制机制产生的新问题。这种矛盾的复杂性与交错性，并且积累到今天，使社会部分群体产生一种改革的焦虑或迷茫。因为新旧矛

盾交错，对矛盾全貌、本质及其产生根源的认识难度增大，在面对实践中的问题与矛盾时，我们往往会有这样的疑问：矛盾是因为我们既有改革不彻底、不到位造成的，还是因为我们目前所推行改革措施不到位甚至改革方向错误造成的？面对此类实践中的迷茫，社会面临着重新审视我们的改革政策与措施效果以及改革的妥当性和合理性的压力，甚至在一些具体领域的具体改革，方向感不那么强了，需要我们再次审视、明晰改革的方向与路径。

改革历程是一个持续性过程，必须要对现实所面对的一切矛盾进行改革，包括对改革过程中出现的改革异化“产物”进行消除，甚至要对之前的“改革”措施进行再“改革”，而这每一步改革过程，无疑是对利益格局和社会关系的巨大调整，会对既存的社会秩序和利益格局带来巨大冲击，甚至出现曾经的改革措施与改革主体，成为当前“被改革”的对象，而这种实践局面，给当前的改革话语正当性增加了某些混乱。也正是这种“旧矛盾”和“新矛盾”的交错，甚至“矛盾”中产生“矛盾”，导致当前我国不少领域的改革显得异常艰难。因此，我们通常称我们的改革进入“攻坚期”，所谓的攻坚期，意味着容易改的，好改的，都改差不多了，现在存在的社会矛盾和问题，往往是改革十分困难的领域，甚至需要我们从体制机制上做出重大调整才能突破的领域。这种社会出现新旧矛盾的“共振”，及其当前改革实践中某些领域改革方向感的迷茫，使得当前“后转型”阶段特征更为明显。

三 社会组织进入以“质”为重心的发展阶段

“政府—市场—社会”三元分析框架成为分析现代社会治理及其结构的重要框架。从宏观上看，现代社会组织体系主要由三大部门构成：第一部门是以行政机构为主体的国家政府组织；第二部门是以企业为主体的市场经济组织；第三部门是以非营利性机构为主体的社会组织。基于三大部门分类，社会组织在其外延可以概括为：除了“政府的”和“市场的”，剩下的都是“社会的”。从三大部门各组织力量对比来看，中国改革开放以前的组织架构具有“强政府、弱市场、弱社会”的特征；改革开放以后，通过大力发展市场经济，逐步形成了“强政府、强市场、弱社会”的格局。基于此种情况，发展非营利性社会组织，增强第三部门的力量，最终建构起“有效政府、有序市场、活力社会”的社会组织体系就十分必要[①]。根据上述除了“政府的”和“市场的”，剩下的都是“社会的”这一宽口径的界定标准，此处所说的“社会组织”与国际上的“第三部门”和“非营利组织”外延大体一致，我国在2006年党的十六届六中全会通过的《中共中央关于构建社会主义和谐社会若干重大问题的决定》中提出的社会组织的概念，也是基于这种标准，并且将其主体与民政部门管理的“民间组织”基本相同。目前，民政部门管理的民间组织包括社团、基金会和民办非企业单位，其中社团包括各种学会、协会、联合会等，多数也是官办和半官办的；基金会是指具有慈善公益性质的基金组织；民办非企业单位（简称“民非”）是指民办的各种非营利机构，其中60%以上是民办的学校、医院、福利机构等。改革开放以来，我国社会组织体制发生了深刻变化，但发展到今天，呈现一些“后转型”的新特点。

（一）社会组织发展面临新的社会环境挑战

改革开放近40年，社会组织的生存环境已发生变化，面临许多新的问题。李培林曾将社会组织变化所产生的问题归纳为：“家庭生产承包制使农村居民自治组织弱化；单位组织改革使单位人变社会人，使得单位组织原有的解决社会事务的能力大大弱化，导致政府往往要直接面对分散的个人，治理的摩擦成本大量增加，从而

---

① 李培林：《我国社会组织体制的改革和未来》，载于《社会》2003年第3期，第36页。

也使得自上而下的社会事务的贯彻和落实以及自下而上的社会问题的调解和解决都受到阻碍，面临着如何管理社会人的挑战；社会大流动使熟人社会变为陌生人社会，过去由邻里、乡亲构成的熟人社会逐步被“相邻不相识”的陌生人社会所取代，如何在陌生人社会构建新的人际关系和社会团结是建设一个健康和谐安定社会必须面对的挑战；基层社区变动使管理难度增加，城市社区人口增加，但社区提供服务和解决问题的能力仍未得到根本性的改观，基层社会矛盾发生比较频繁，如何降低社会管理的成本，形成把问题化解在基层有效的社会机制下，是社会组织体制创新需要探索的新问题①。上述这些问题，成为当前社会治理或社会建设的难点，也是关键点。在此意义上，社会组织变革与发展，一方面适应了社会发展和改革的需要，但所引发的各种新的社会问题，又对社会组织的发展提出了新的要求，使社会组织的健康发展面临新的挑战。在近40年的发展过程中，政府对社会组织发展的整体思路表现为“宏观鼓励，微观约束”，而且这种制度环境正朝着更为宽松的方向转变。② 但最近几年，国家对社会组织的政策出现了较为明显的调整，特别是各类涉及政治的民间组织，其审核和管理力度不断加强。这种政策上的调整，也是我们对前期社会组织发展政策与实践效果进行全面认真反思的需要，是对前期政策进行精准性调整和修正的结果。

（二）社会组织发展急需“质”的提高

从1978年开始，沿着“放权搞活”的思路，国家向市场和社会放权、赋权，培育和壮大社会力量是重要方式，其中，社会组织是社会力量最为重要的力量。近40年来，我国社会组织的发展在

---

① 李培林：《我国社会组织体制的改革和未来》，载于《社会》2003年第3期，第36页。

② 俞可平：《中国公民社会：概念、分类与制度环境》，载于《中国社会科学》2006年第1期，第68页。

量上，可以说取得较大发展。截至 2015 年底，全国共有社会组织 66. 2 万个，吸纳社会各类人员就业 734. 8 万人，全年累计收入 2929. 0 亿元，支出 2383. 8 亿元，形成固定资产 2311. 1 亿元。接收各类社会捐赠 610. 3 亿元；全国共有社会团体 32. 9 万个，全国共有各类基金会 4784 个，其中：公募基金会 1548 个，非公募基金会 3198 个；民政部登记的基金会 202 个、涉外基金会 9 个、境外基金会代表机构 29 个。公募基金会和非公募基金会共接收社会各界捐赠 439. 3 亿元。全年对基金会作出行政处罚 16 起；全国共有民办非企业单位 32. 9 万个，其中：科技服务类 1. 6 万个，生态环境类 433 个，教育类 18. 3 万个，卫生类 2. 4 万个，社会服务类 4. 9 万个，文化类 1. 7 万个，体育类 1. 4 万个，商务服务类 3355 个，宗教类 114 个，国际及其他涉外组织类 7 个，其他 1. 9 万个[①]。笔者对 1988—2015 年我国社会组织量的增长进行统计。如表 1—1 所示。

表 1—1　　1988—2015 年全国社会组织数量统计表[②]

年份	社会组织单位数（个）	社会团体单位数（个）	基金会单位数（个）	民办非企业单位数（个）
2015	662425	328500	4784	329141
2014	606048	309736	4117	292195
2013	547245	289026	3549	254670
2012	499268	271131	3029	225108
2011	461971	254969	2614	204388

① 2015 年社会服务发展统计公报，http：//www. mca. gov. cn/article/zwgk/mzyw/201607/20160700001136. shtml。民政部网站，2017 年 7 月。

② 该数据来源于 2016 年中国统计年鉴。该年鉴中，1989 年和 1991—1994 年的年鉴统计中，社会组织统计数据缺失。另，因统计年鉴统计口径和标准的变化，年鉴中从 1999 年开始统计民办非企业组织数量，2003 年开始单独统计基金会数量。

续表

年份	社会组织单位数（个）	社会团体单位数（个）	基金会单位数（个）	民办非企业单位数（个）
2010	445631	245256	2200	198175
2009	431069	238747	1843	190479
2008	413660	229681	1597	182382
2007	386916	211661	1340	173915
2006	354393	191946	1144	161303
2005	319762	171150	975	147637
2004	289432	153359	892	135181
2003	266612	141167	954	124491
2002	244509	133297		111212
2001	210939	128805		82134
2000	153322	130668		22654
1999	142665	136764		5901
1998	165600	165600		
1997	181318	181318		
1996	184821	184821		
1995	180583	180583		
1994				
1993				
1992				
1991				
1990	10855	10855		
1989				
1988	4446	4446		

根据上表，为了更为直观展示近年来我国社会组织发展趋势，

分别对各类社会组织的发展情况进行绘图，图1—1为1998—2015年全国社会组织（除基金会外）发展趋势图，图1—2为2003年全国基金会发展趋势图。

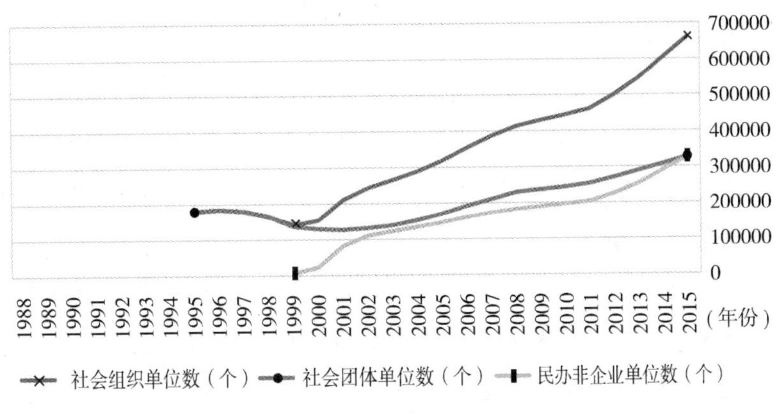

图1—1　1998—2015年全国社会组织（除基金会外）发展趋势图

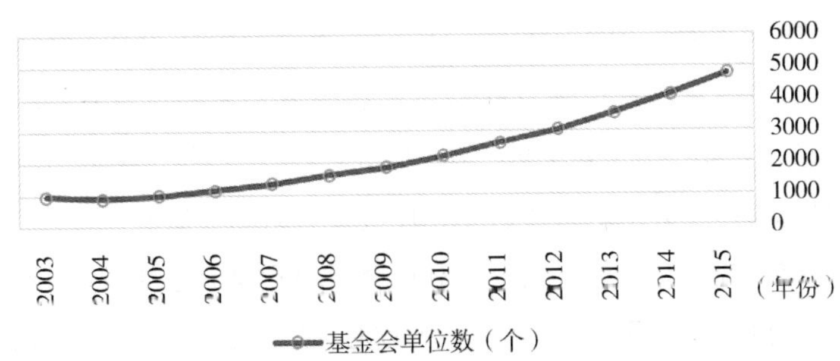

图1—2　2003—2015年全国基金会发展趋势图

从上述相关图表中我们可以发现，不论是从社会组织的总的增长数量，还是从社会团体、基金会和民办非企业各类社会组织的增长趋势来看，其发展都是十分迅速的。特别是民办非企业的增长速度，可谓是空前的，而基金会的总数量尽管不是很大，但近年来其增长相对速度或增长比却是相当大，这些都充分地说明我国各类社会组织在“量”上的增长呈现良好的发展趋势，这种发展在相当程度上得益于我国改革开放以来，对社会组织管理和服务政策的转型，特别是在20世纪80年代末和90年代初的“希望工程”和“中华慈善总会”等全国性社会组织的成立，成为我国社会组织发展的新起点。2009年民政部下发《民政部关于促进民办社会工作机构发展的通知》后，社会组织进入快速发展阶段。但我国社会组织发展到今天，我国社会组织进入“后转型”时代，其突出地体现在从“量”的提高，逐渐转移到以“质”的提高为重点的发展阶段。在此过程中，必须对一些尝试性的改革进行规范和纠偏，这种“后转型”的新阶段给今后社会组织提出了新的挑战，主要体现在以下几点。

1. 党对社会组织的领导进入新阶段。社会组织的建设离不开党的领导，2015年9月，中共中央办公厅印发的《关于加强社会组织党的建设工作的意见（试行）》，同年10月16日，中组部召开的“全国社会组织党的建设工作座谈会”，都提出在社会组织建设过程中应加强党的领导地位，充分发挥党的引领和服务作用。2016年8月，中共中央办公厅、国务院办公厅印发了《关于改革社会组织管理制度促进社会组织健康有序发展的意见》（中办发〔2016〕46号），要求进一步加强社会组织建设，激发社会组织活力，改革社会组织管理制度，促进社会组织健康有序发展。这些政策的出台，充分说明党中央对社会组织党建问题的重视，但也从另一个侧面反映了之前社会组织发展中存在某些党领导方面的问题。之前，我们的重心在于促进社会组织数量和规模的增长，而到现在，则面临着如何加强和规范管理的问题，在此背景下，加强社会组织党的建设提上日程，或者说，如何加强各类社会组织党的建设给我们提出了新的挑战，如何发挥党组织对社会组织的领导、服务和引领作用，是今后相当长时期内社会组织建设的重要任务。

2. 社会组织坚守“非营利性”面临新挑战。“非营利性”是社会组织的重要属性特征，也是对社会组织的基本要求。关于社会组织的非营利性要求，我国相关法律法规均有规定：如《中华人民共和国慈善法》第八条规定：本法所称慈善组织，是指依法成立、符合本法规定，以面向社会开展慈善活动为宗旨的非营利性组织；《社会团体登记管理条例》第二条规定：本条例所称社会团体，是指中国公民自愿组成，为实现会员共同意愿，按照其章程开展活动的非营利性社会组织；《基金会管理条例》第二条规定：本条例所称基金会，是指利用自然人、法人或者其他组织捐赠的财产，以从事公益事业为目的，按照本条例的规定成立的非营利性法人；《民办非企业单位登记管理暂行条例》第二条规定：本条例所称民办非企业单位，是指企事业单位、社会团体和其他社会力量以及公民个人利用非国有资产举办的，从事非营利性社会服务活动的社会组织。可见，基金会、社会团体、民办非企业，其"非营利性"属性定位是清晰的。但从近年来发展来看，很多社会组织假借社会组织之名，行企业盈利之实，特别是对一些新兴行业和领域中的社会组织，其服务形式的多样化和复杂化，导致社会组织非营利性属性的模糊。因此，如何对社会组织的非营利性活动进行监督，如何对违法违规开展营利性经营活动进行治理，成为社会现实的难点，特别是如何对一些新兴领域和行业中的社会组织进行规范，都将面临新的挑战，特别是对各类社会组织活动中存在的"营利化"倾向进行治理，将面临制度和技术方面的多重难度。

3. 社会组织坚守"非行政性"面临新挑战。民间社会组织具有"非行政性"，意味着社会组织不是政府组织，不是行政机关，没有行政职能，不能行使行政的职权，与之相适应的是社会组织的工作方式方法也与行政机关不同，各社会组织之间彼此独立，无上下隶属或指导关系。因受历史上曾经的"国家全能主义"的影响，改革开放以来社会组织领域改革的重要举措就是让社会组织最大限度地摆脱"行政性"的束缚，国家颁布实施了《行业协会商会与行政机关脱钩总体方案》等政策，稳妥开展行政机关与社会组织脱钩试点。但随着我国政府机构改革，特别是行政审批制度改革，对我们的社会组织发展提出新的需要。如近年来，我国相继出台有关政策，要求除法律法规有特殊规定外，政府部门不得授权或委托社会组织行使行政审批；国务院决定取消的行政审批事项，原承担审批职能的部门不得通过任何形式指定交由行业协会商会继续审批。总的来看，这方面改革方向和思路是明确的，但从实际效果来看，却存在两方面的困境：一方面，在“行政脱钩”之后，社会组织是否能够承接起满足社会所需要的职责，能否很好地完成或实现社会目标，特别是在面临社会组织“能力不足”的困境下，也会给社会的稳定和发展带来一定的风险；另一方面，一些政府部门或机关出于自身利益的考虑，对一些有利益可获的社会组织，不愿意完全“放手”，总是力图通过多种方式进行间接渗透或干预，使社会组织没有能够真正地与政府机关“脱钩”。这些都对今后社会组织的改革提出新的命题。

值得注意的是，在我国的社会组织体系中，有一类具有官方背景或色彩的，诸如“共青团”、“妇联”、“工会”等我们通常称之为“群团组织”的社会组织，有时叫作“人民团体”[①]，这类组织在法律地位属性上属于“社会组织”的范畴，但和一般的社会组织不同，其较强的官方色彩和背景，甚至日常生活当中很多人将之视为政府部门的一部分或者政府部门下属机构。该类群团组织自觉接受党的领导、团结服务所联系的群众、依法依章程开展工作相统一。此类群团组织上下对口一体化，经费财政有保障，权力大、能量也大，如何发挥其余社会组织的合作力量，是我们社会组织改革发展过程中必须要面对的问题。

4. *社会组织服务功能面临新挑战*。服务社会和居民是社会组织的重要功能属性，此属性在各类社会组织的管理条例和章程中，

① 此类团体主要包括工会、共青团、妇联、中国科协、全国侨联、全国台联、全国青联、全国工商联、全国文联、中国作家协会、全国新闻工作者协会、中国对外友协、中国人民外交学会、中国贸促会、中国残联、宋庆龄基金会、中国法学会、中国红十字总会、中国职工思想政治工作研究会、欧美同学会、黄埔同学会、中华职业教育社，以及中国老年协会、全国计生协会，等等。

一般都有着明确体现。2004年9月19日党的十六届四中全会通过的《中共中央关于加强党的执政能力建设的决定》明确提出：“发挥社团、行业组织和社会中介组织提供服务、反映诉求、规范行为的作用”以后，“提供服务、反映诉求、规范行为”一直是社会组织的功能定位。2016年中办发第46号文件又重申了社会组织这一功能定位，并在此基础上进一步提出了“充分发挥社会组织服务国家、服务社会、服务群众、服务行业的作用”的要求，新时期提出这“四个服务”的要求更加完善了社会组织的功能定位。服务国家，社会组织要围绕党和国家工作大局，围绕中国特色社会主义经济建设、政治建设、文化建设、社会建设、生态文明建设，围绕外交工作大局和祖国统一大业，找准工作的结合点和着力点，团结动员所联系的会员为完成党和国家中心任务贡献力量，促进改革发展、维护社会和谐稳定，不得从事、资助危害国家安全的活动；服务社会，主要是提供政府服务难以顾及的一些带偏好性的服务、一些市场组织不愿意提供的消费品，以及满足人们普遍性的交往偏好需求等，不得从事危害社会公共利益的活动；服务群众，社会组织要做党和政府联系群众的桥梁和纽带，要多为群众办好事、解难事，维护和发展群众利益，不断增强自身影响力和感召力，要倾听群众呼声、反映群众意愿，把党的决策部署变成群众的自觉行动，把党的关怀送到群众中去；服务行业，要制定行业标准，协调行业利益，规范会员行为，等等。

一方面是社会和居民对各类服务的需求在不断增加，同时，党和政府对社会组织的服务功能也给予了明确的期望和要求；但另一方面，当前很多社会组织的服务能力却有待提高，或者说与社会需求和党和国家要求还有差距。今后我们在培育和发展社会组织过程中，必须要重视社会组织该项功能。值得注意的是，近年来，我国培育和支持社会组织的一个重要途径是通过“政府购买服务”的方式来促进和保障社会组织发展的资金等问题。2013年，国务院办公厅印发的《国务院办公厅关于政府向社会力量购买服务的指导意见》（国办发〔2013〕96 号）中明确要求，进一步转变政府职能，满足社区居民多元化需求，改善公共服务；在公共服务领域要更多地利用社会力量，加大政府购买服务的力度，扩大社区社会组织服务提供的范围。但在实践中，面临着政府财政、管理体制、社会组织自我规范等多方面约束和限制，需要在进一步加强政府购买服务力度的同时，探索切实可行的监督和制约措施，规范政府购买服务行为，提高政府购买服务效果。

5. 社会组织依法自治发展面临挑战。社会组织的发展立足于“自治发展”，但这种自治发展的前提是依法。2016 年中办发第 46 号文件对社会组织的依法自治发展提出了四个方面要求：一是建立健全法人治理结构；二是要在社会组织中建党组织；三是建立健全一套日常从业人员录用培训、薪酬待遇、财务管理、项目运作、会费管理、廉洁自律等规章制度；四是支持和发展社会组织自律联盟。但社会组织自治发展的前提或保障是依法，为保障社会组织的依法自治发展，关键是要在“扶持发展”和“规范管理”中保持合理平衡。一方面，党和政府对社会组织要进行依法引导、培育、扶持；一方面要依法完善和规范对社会组织的监督、管理、检查。但不论是扶持发展，还是规范管理，都有可能对社会组织的“自治发展”带来一定的影响和冲击。因此，在对社会组织的扶持培育与监督管理过程中，都需要一定决策技术与管理水平。

近年来，社会基层存在的各类草根组织迅猛增长，尽管民政部门没有将草根性社会组织纳入社会组织登记范围，但该类组织在社会中的活动日益频繁，影响越来越大，其发挥作用的空间和可能也越来越明显，如近年来居民自发组织的“广场舞蹈队”、“暴走团”等，其活动已引起社会的广泛关注。因为该类草根组织大部分都属于社区内的社会组织，从政策导向上而言，是鼓励和支持性的，但对其管理，因其数量众多，类型多样，我们当前的管理和服务体制很难适应这种大规模草根组织发展的需要，甚至可能存在管理盲区，特别是当今社会结构分化加剧，大量人员聚集在社区，社区草根组织如雨后春笋般出现，这些都给我们社会管理和服务提出了新的挑战。

另外，网络社会组织近年来蓬勃发展，其产生的社会影响是空前的，如社会组织的网络募捐越来越多，但利用网络搞违法活动甚至组党结社等现象也存在，现在我们政府和社会的管理体制和技术手段往往跟不上网络技术进步的速度，甚至对网络社会组织的活动感觉无所适从。我们不仅要在思想上认真对待、研究和认识各类网络社会组织，我们还亟须建立起规范的网络社会组织管理法律法规，同时，掌握网络社会组织管理和服务的技术，这些都给社会、国家管理部门提出了新的挑战。

四　政府自身发展进入“后转型”时期

按照传统三部分划分理论，政府是其中重要的一部门，对经济社会发展具有重要地位和作用，特别是对于我们这样一个“政府推动型”的改革历程而言，政府更具有举足轻重地位。在经历改革开放30余年历程中，我们的政府也在不断地进行自我改革、自我调整，以满足经济社会发展的需要。发展到今天，我们政府转型也进入了一个新的阶段。

（一）改革中的政府功能与角色面临“再审视”和“再赋值”的挑战

中国改革开放取得的成就是举世瞩目、有目共睹的，甚至有学者用“中国模式”[①] 来对我国改革开放以来近40年实践探索路径

---

① 学界对中国模式是否存在及其所包含的内容体系的理解与争论很多。目前无法得知谁最早提出这一概念，但从目前资料来看，较有代表性的有，2004年曹和平、叶静怡、张博在《经济研究》上发表的《中国建置经济制度的历史传承与当代竞争》一文中提出“中国模式崛起”概念，2010年郑永年在著作《中国模式：经验与困局》（浙江人民出版社）一书中较详细地分析了“中国模式”这一概念。但也有黄亚生等人认为根本不存在所谓的“中国模式”。

及其所取得的成果。不论我们是否赞成用“中国模式”这样的话语和概念来表征中国改革实践及其特点，但学界对中国改革过程所具有的“政府推进型改革”特点，还是有着较大程度的共识。我们的改革是在政府强力推进的背景下拉开序幕的，并且，政府作为改革引擎，持续不断地变换多种途径为改革这列火车注入动力。近40年改革开放实践所结之硕果，以强大的事实诠释了作为改革引擎的政府的角色及其功能之重要，也增添了我们在改革过程中对政府自身改革与角色功能定位的合理性。

我国改革开放这列火车是由政府引擎发动，但政府引擎却是在现实困境的“倒逼”情况下开启的，具有强烈的经验色彩。面对改革之前的乱局，“搞活”二字取得了改革话语霸权，成为了改革的流行语，在“搞活”的思路指导下，对政府而言，“简政放权”成为“搞活”的重要步骤，主要任务是将政府从“全能型”政府中解放出来，要求政府在市场经济中重新定位自己的角色和功能。这一改革步骤的效果也是显著的，极大地激发了社会活力，在短短几十年的时间里取得了巨大成就。到了21世纪初，我国经济社会发展整体上进入了一个新阶段，但社会中也出现了新的社会问题，迫使我们政府作出新的回应，于是，我们提出要将传统的管理型政府向“服务型”政府转型，将政府职能定位于“经济调节、市场监管、社会管理和公共服务”四大职能，其突出的特点在于强化了政府在公共服务和公共管理领域的职责。从整体上而言，这段时间对政府角色和功能改革的主要思路是：逐渐减少政府在经济领域的直接干预，在经济领域发挥市场的主体地位（从十八大报告中对市场经济的地位从“基础性”地位到“决定性”地位，也可以看出），政府的主要功能逐渐过渡到提供公共管理和公共服务，服务型政府的改革诉求也在此背景下应运而生。但这种改革思路或改革路线在实践中却遭到现实的“抵抗”或“扭曲”，现实中出现政府角色和功能定位的迷茫与矛盾：一方面，政府从市场领域回缩的同时，市场领域本身出现的诸多问题急需一种力量去调控，当社会面临问题爆发的时候，民众往往基于对既往历史经验的直观判断，或基于对现实的不满，可能会产生对历史阶段或历史经验的怀念，所以，重新找回政府似乎成为最直接的选择，也正是在此背景下，威权主义思潮获得了相当的话语空间和社会支持；另一方面，在进入新世纪以来，我们国家对政府转型的目标是很明确的——服务型政府，但在实践中，服务型政府的角色定位似乎并没有很好地得以实现，其原因不仅涉及宏观的经济社会发展条件和水平，更为直接的是来源于既有的财政体制、官员的政绩考核体系和官员升迁的规律，但社会和居民的客观现实需求要求政府在更多公共服务领域承担更多的责任，扮演更重要的角色，但这无疑又是对“权力回归”的呼喊。

政府角色与功能的定位，往往是在实践中与其他主体相对而言的，体现的是政府与其他主体在社会管理和服务相关事务中的相互关系，或者说政府角色与功能是在与其他主体的合作与博弈中动态形成并动态演化的。上一改革阶段对政府角色与功能改革的总体思路是将政府从全能型政府中解脱出来，转型为“有限政府”与“有能政府”，这一转型过程要想取得成功，本身就需要更多的社会主体、社会组织来承接政府退出后形成的空白与空缺。也正是在此背景下，诞生于西方话语体系的“治理理论”迅速风靡中国，并与中国改革开放实践产生强烈的亲和力，“治理”一词成为国内诸多领域体现改革色彩的“时髦”话语。值得注意的是，治理理论本身存在着“国家中心论”和“社会中心”论两种取向，国家中心论强调国家的主导作用，关心的核心问题是国家如何设立目标为社会和经济掌舵，社会中心论则强调网络的协调和自我治理，具有明显的去国家化倾向[①]。从总体上而言，治理理论中政府的作用是一个连续谱，其中一个极端形式是大政府时代的强政府，另一极

① Jon Pierre. Debating Governance: Authority, Steering, and Democracy. Oxford University Press, 2000.

端形式是社会行动者自我组织和协调的网络，积极反对政府掌舵。[①] 起始于20世纪70年代末的改革开放，总的导向是将政府从“管不了”也“管不好”的领域撤出，于是，国家开始积极推动社会组织的培育和发展。也正是在此背景下，中央和国家决策文献中多次提到“社会组织”建设的重要性及意义，希冀社会组织能够为政府解忧分愁，成为社会管理和服务的一种重要力量。但在另一方面，政府在与其他主体（主要是社会组织）在社会管理和服务实践中的协商、合作与博弈的过程中，形成一个治理网络，始终面临着“平等参与者”[②] 和“独特行动者”[③] 的矛盾角色定位，这种矛盾不仅在理论上，而且也体现在实践中。我国在经历若干年改革后，在社会上（特别是理论界）基于对政府科层制失灵的警惕，一方面对政府的“权力”与“强制”保持着高度的戒备与警惕，并采取诸如行政许可权限的清理，政府权力清单、政府责任清单或政府负面清单等措施，对政府权力进行限定与清理；但同时，我们也感受到社会理论界和实践部门对“国家空心化”[④] 的担忧，部分政府部门，出于多种利益的现实考量，总是在“简政放权”中进行或明或暗的抵制与反击，最大限度地保持政府在社会中的管控能力或影响力。特别是在为社会提供基本公共服务的领域，尽管我们一直认为市场力量、社会力量都是其重要的参与力量，但政府在其中的角色定位和肩负的责任并非是一成不变的，当面临社会矛盾比较突出，社会力量比较无序的情况下，往往需要政府承担更多责任

① Andrew Jordan, K. W. Wurzel A. Zito. The Rise of "New" Policy Instruments in Comparative Perspective: Has Governance Eclipsed Government? Political Studies, 2005 (53).

② R. A. W. Rhodes. The New Governance: Governing without Government. Political Studies, 1996 (44), p. 660.

③ Wolfgang Streeck and P. C. Schmitter. Community, Market, State and Associations? The Prospective Contribution of Interest Governance to Social Order. In Wolfgang Streeck and Philippe C. Schmitter, Eds. Private Interest Government: Beyond Market and State. Beverly Hills, CA: Sage, 1985.

④ R. A. W. Rhodes. The Hollowing Out of the State: The Changing Nature of Public Service in Britain. The Political Quarterly, 1994 (65).

和义务，而这种需求又势必引起政府的权力范围和能力不断扩大趋势。因此，在后转型时代，我们所面对的既有改革实践经验与社会现实问题，考问着我们对政府角色与功能预设的合理性与现实性，迫切需要对政府在改革过程中的功能与角色进行重新审视和“再赋值”，包括对政府（包括国有企业）在基本公共服务供给中的功能与角色进行重新赋值。

（二）政府机构改革进入以职能整合为重点的“深潜期”

政府角色与功能定位转型过程与政府自身改革是同一过程的两个方面，二者紧密相连，政府角色与功能的变迁离不开政府自身的改革，而政府自身改革的重要目标就是对其角色与功能进行再定位、再赋值，政府自身改革势必引起政府角色与功能的变化。起始于20世纪70年代末的改革，政府自身改革也是其重要内容，政府自身改革从内容上来说包括两大板块：政府机构设置改革与政府机构职能改革。这两部分改革紧密相连，但在不同的阶段其侧重点有所不同。从政府改革历程上来看，我国政府机构改革进入以政府机构职能整合为重点的“深潜期”。所谓的“深”，意味着今后的改革所面对的多是深层次问题、深层次矛盾；所谓的“潜”，意味着今后的改革所面对的问题多是潜在的，却是深深根植在现实之中的。这也是我国政府改革进入“后转型”阶段的突出特点。

政府机构改革进入以职能整合为重点的“深潜期”，这一点从改革开放以来历次国务院机构改革中可见一斑，因我国政权机关或行政部门具有上下“同构”特征，国务院的改革，既是政府改革的集中体现，也必然带动下级政府机构改革。笔者将1982年以来所经历的七轮比较大规模的国务院改革中结构设置改革情况进行梳理。如表1—2所示。

表 1—2　　1982 年以来国务院机构改革部门设置情况表

年份	改革主要目标	国务院机构					改革特点及效果
		办事机构	直属机构	部委	直属事业单位	部委管理的国家局	
1982	减少职数，干部年轻化	3	14	41			人员年龄、文化结构优化，素质提高，但未能实现政府职能转变
1988	转变政府职能	6	19	40			首次提出转变政府职能，政府经济管理从直接管理转变为间接管理为主
1993	转变政府职能	5	13	40	11	15	建立起适应市场经济体制的行政管理体制
1998	政企分开	6	17	29	9	17	政企不分的组织基础在很大程度上得以消除
2003	提高政府效率	4	19①	28	13	9	深化重点领域改革，形成行政机关决策、执行、监督的相互协调

① 2003 年、2008 年、2013 年的国务院组成部门中的直属机构都含直属特设机构：国有资产监督管理委员会。

续表

年份	改革主要目标	国务院机构					改革特点及效果
		办事机构	直属机构	部委	直属事业单位	部委管理的国家局	
2008	转变政府职能，理顺部门职责关系	4	17	27	17	16	明确提出“大部门制”，转变政府职能和理顺部门职责关系；以改善民生为重点加强与整合社会管理和公共服务部门
2013	转变职能和理顺职责关系，稳步推进大部门制改革	4	16	25	13	16	以职能转变为核心，稳步推进大部门制改革；整合加强卫生和计划生育、食品药品、新闻出版和广播电影电视、海洋、能源管理机构

从上表可以看出，2008年之前的国务院机构改革，主要是通过机构的裁撤与增减，实现行政机构在及其职能与市场经济发展相适应，因此，国务院机构在数量上出现比较明显的波动。而从2008年之后的国务院机构改革，国务院机构的数量并没有很大的增减，改革的重点是部门职能调整与整合，其标志就是提出“大部制”的总体改革思路，重在理顺各部门之间的关系，合理赋予各部门的权限职责。二者有何不同？以裁撤机构为重点的改革具有一种强大的外在效果效应，但这种机构裁撤的对象往往是矛盾比较集中之地，矛盾相对也比较直观和外显，社会和高层对此矛盾有着

比较直观和相对准确的把握；同时，在改革派内部，对其裁撤一般也形成领导层和社会的共识，在以“改革”为主流的情况下，机构裁撤虽面临相当阻力，但改革的势能是占据绝对优势的，因此，其机构数量的调整相对而言比较容易。但到了2008年之后，这种以机构裁撤来推进政府职能转型和职责调整的改革空间日益狭窄，或者说对既有机构裁撤已经相当不易了，这说明机构设置已经到了相对定型阶段。但政府机构职责与效能仍不能满足社会需要，这种矛盾呈现的背后，实则体现着政府机构所存在的矛盾逐渐由“显性”的机构问题，开始变成“隐性”的机构职能配置问题，而后者表现得更为隐蔽，但其矛盾也更为深沉，对其改革的难度也更为艰巨。甚至可以说，在一定程度上，通过机构裁撤方式把容易改革的矛盾都改革得差不多了，剩下的更为复杂的矛盾需要在职能调整与整合中解决，其改革的复杂性、艰巨性可想而知。而且，部门职能整合与调整的改革，对部门利益的冲击虽然多是潜在的，但其面临的改革阻力往往是异常顽强的，其改革的复杂性也远超第一个阶段。在此意义上，我们的政府机构和职能改革也进入了“深水区”和“瓶颈”阶段。

（三）政府改革面临突破“内卷化”困局

起始于20世纪70年代末、80年代初的改革开放，积蓄了相当大的社会共识和社会能量，凝聚了官方的与民间的、中央的和地方的多种力量。在其最初的一个时期，其改革取得的效果是显而易见的，改革的边际效益也是最高的，只要做出一项改革措施并付诸行动，往往都能起到明显效果，甚至出现不经意的“一锄头刨出一个金娃娃”的改革奇迹。也正是这种改革效果，又进一步凝聚了改革的力量和共识，激发了持续改革的热情和动力，这也是导致改革在最初的几年里能取得破竹之势的重要原因，这时的改革措施往往能够起到“点石成金”的效果。但在历经近40年的改革历程之后，从改革历程来看，我们改革的边际效益是在不断递减的，或者说我们付诸的改革措施对社会产生的触动愈发困难，产生立竿见影的效果更为不易。或者说，尽管我们在理论上、政策上、形式上推出了很多“改革”性的措施，但往往取得的效果却并不理想。当然，造成这种改革效益递减的原因是多方面的，但在客观上的实践结果是，很多改革实践之结果与改革当初预设之理想存在很大差距，而且，党和政府推进改革的困难也更为艰巨。在此背景下，我们改革实践效果的某些不理想，在分化改革力量和改革共识的同时，也反过来给下一步的改革带来了困难，导致我们改革的“内卷化”。从改革历程及其效果来看，改革正从“点石成金”进入“内卷化”的阶段。

值得注意的是，在30余年的改革过程中，形成了一批在改革中形成的改革“既得利益集团”或“既得利益者”，他们在面对损及自身利益的改革时，往往会采取或“软”或“硬”、或“明”或“暗”的抵抗，或者对改革措施进行“自我利益最大化”的曲解与执行，而这些抵抗与扭曲，往往贴之于“改革”标签，这种现实实践中的扭曲现象，一方面消解了改革的效果，使改革徒具形式，甚至造成所谓的“恶果”；另一方面，这种假借改革形式的“虚假改革”，加剧了社会民众对改革目的和实践的模糊甚至错误认识，进而产生对改革方向的迷茫感，甚至会导致社会对改革产生“塔西佗陷阱”情绪。也正是在此背景下，社会开始出现对改革本身的重新审视，出现对“改革”的反思，甚至产生以“反改革”态度对“改革”进行挑战和阻挠。当然，从事物的螺旋式发展过程来看，改革过程当然是对“改革”自身不断进行“否定扬弃”的过程，改革本身也蕴含着对自身进行改革的内在需要，特别是改革实践过程中出现的问题也内在地需要我们去“改革”，改革本身需要我们以一种改革的态度对待既有的改革及其成果。但这种对曾经的“改革”理论与实践的反思与审视，无疑增加了社会对改革“方向”的迷惑感，而这种社会层面的迷惑，无疑会降低社会对改革的共识，导致凝聚改革共识与改革动力显得尤为困难。当然，造成凝聚改革共识和动力困难的原因是多方面的，既有前述改革效益递减的一般规律的原因，也有改革引发矛盾而没有得以及时有效化解的原因，也有“既得利益集团”或“既得利益者”对改革的阻挠与抵抗的原因。但却产生了一个共同结果：改革“内卷化”。在此背景下，实践呼吁着我们必须要打破这种改革僵局，也正是在此背景下，党的十八届三中全会上作出《中共中央关于全面深化改革若干重大问题的决定》，该《决定》在一定程度上正是为了再次凝聚社会的改革共识和力量，力求使之发挥“改革再动员、再定位、再冲锋”的理论效果，这也正是我党和国家在面对改革“内卷化”的情景下，为推动改革的深入做出的一个重大决策。然而，这依然是一个探索而漫长的过程。

五　改革进入凸显“顶层设计”新阶段

起始于20世纪70年代末的改革，从动力来源而言，是中央、各级政府和党组织共同力量推动的结果，但从改革实践采取的行动策略而言，我们的改革是以地方探索性实践为“先遣部队”的，即，从总体而言，我们的改革路径是沿着地方试点进行实践探索、总结经验，然后逐步推开，最后上升到国家层面、上升为国家一般政策，进而推广到全国范围内的改革。这一改革策略和路径是“渐进性”改革的重要表现，此策略和路径有着诸多优点，能够减少对社会的冲击，减少社会动荡的风险，等等。但此种改革路径与策略也带来一些问题，并阻遏着改革的深入和改革效果，从发展历程来看，因为我们所面临新的改革环境，我们的改革策略开始由以“地方探索”为主的阶段，开始逐步进入凸显“顶层设计”阶段，在其背后，体现为地方探索与顶层设计间的矛盾与协作。

地方探索与顶层设计关系的背后，实则是中央与地方关系的一方面。中央与地方关系从古至今一直是国家治理中的难题之一，到目前依然如此。中央和地方存在利益的共性和一致性，但其差异性和矛盾性也是客观存在并显而易见的。在中央以放权和分权为总的改革取向的背景下，地方利益（包括地方公共利益和官员个人升迁等利益）的最大化成为基层政府行动的基本逻辑，这种地方政府的行动逻辑是推动改革的重要动力，也是促成改革实践取得辉煌成就的重要来源。如在改革过程中，不论是我们曾在财政分配体制上采取“分灶吃饭”式的财政包干，还是采取政策和项目的“发包”式行政，在赋予地方极大积极性、激发地方积极行动的同时，也导致地方利益的日益明显化。于是，中央与地方之间在诸多领域的职能权责、利益分配开始发生越来越明显的分歧，但因我国特殊的政治运作体制，一则是中央实际上占据着绝对的决策权；二则是从中央到地方，各级官员的选拔任命权实际上由上级党组织掌握，因为有这种特殊政治机制的存在，迫使地方政府官员在实现“自身利益最大化”的过程中，不得不尽量与中央保持一致，特别是在外在形式上和中央保持高度一致。

但在实践中，以地方探索性改革为特征的改革策略，赋予了地方政府相当大的“自主性”和“自主空间”，而且，这种“自主性”和“自主空间”往往不仅具有理论上的合理性、法律上的合法性，还具有实践中的现实需要性，改革实践效果在一定程度上也证明这种“自主性”与“自主空间”存在的必要性。但这种“自主性”和“自主空间”的利用在受到地方利益最大化目标的干预或驱使下，有时会对中央或上级政策与意志的形成一种或明或暗的“抵制”。因地方政府实际上占据着政策执行权，这种政策的执行权包含着地方政府对中央政策的选择权和实现权（也是职责和义务），于是，地方政府在执行政策的过程中，若遇到与自身利益不一致的情况，在一定范围内、一定条件下，可能会采取一些“弱抵抗”或“目的性选择”等方式来执行“上级”政策，以确保在与中央保持一致，或在中央或上级“容忍”的范围内实现自身利益最大化。在此背景下，中央一方面要赋予地方一定的自主性以激发下级改革与发展的动力，即“自主性”不能过分消减；但另一方面，又要实现中央意志和政策目的最大程度实现。于是，中央和上级往往会利用其占据的决策权和官员任命权，通过“倒逼”性各类考核政策的出台迫使地方政府进行自我改革，从而促使基层政府最大限度地实现中央和上级的意志，的确，实践中这种“倒逼”基层政府“就范”的政策的确发挥着重要作用。但下级政府在被中央或上级政府“倒逼”的同时，也利用自身所具有的“自主空间”和实际执行权，采取着“反倒逼”行动，以确保与中央或上级保持一定的平衡，利益得到一定实现。在这种“倒逼”与“反倒逼”的合作与博弈过程中，虽然在宏观和总体上并没有造成大的改革中断或社会不稳定，但其带来的问题是不可忽视的，最大的实践结果就是中央意志和决策面临着在实践中被“扭曲”和“化解”的风险，存在使政策效能降低的可能。前述改革效果的“内卷化”现象的出现，部分原因也在于此。为打破此种局面，必须要从体制机制上铲除地方“既得利益”过度膨胀的生存土壤。在此背景下，强调中央决策的“顶层设计”改革策略应运而生。在2011年《中华人民共和国国民经济与社会发展第十二个五年规划纲要》中，明确地区改革过程要注重顶层设计[①]。顶层设计的提出，并非是说之前我们改革没有贯彻和执行中央和上级的政策与意志，而是要进一步提高中央或上级在政策决策和执行过程中的引领作用，增强中央在国家发展中宏观调控能力与政策动员能力，其带来的实际效果就是中央和国家的宏观调控权得以明显加强。因而，在当前出现了一些貌似比较矛盾的现象：如，一方面，从中央到地方，以行政许可权改革为简政放权的核心，对各级政府的行政许可事项进行清理和收缩，各级政府建立相应的权力清单和权力负面清单制度，这一方面，我们看到的是政府权力的回缩，释放了更多的空间给市场和社会；但在另一方面，中央或上级的“决策权”和实践中的“动员力”却是在不断强化的，中央或上级的政策日趋

① 当然，在此之前，学界和有关其他文件对顶层设计及其思路也多有提及。

具体化，留给地方的政策自主空间日益缩小。在此背景下，地方政府与“顶层设计”保持一致的做法日益得以推广和普及。对这种政府自身改革的新现象，我们需要一个较长的实践过程和时间区间来给予全面的分析，但在此阶段，我们政府、社会各个方面，都要在实践中处理好地方探索与顶层设计的关系，这不仅是一个理论课题，也是一个实践难题，也是我们整个社会进入“后转型”时代所必须面对和解决的问题。

第二章 基本公共服务均等化的内涵与外延

农村公共服务平台是推进基本公共服务均等化的重要载体，也是推进基本公共服务均等化政策的抓手和着力点，那么，什么是基本公共服务均等化？我们又该从哪些方面去认识基本公共服务均等化？基本公共服务又包含哪些具体服务内容或项目？又可以进行怎样的分类？这些都是研究农村基本公共服务均等化的前提。

一 界定基本公共服务内涵与外延的向度

对公共服务内涵的界定，目前学界主要从产品属性、政府责任、居民需求和公民权利四个向度对其进行界定。

（一）产品属性向度

服务从根本上来说是一种产品，而产品的属性是产品分类的基本依据，因而，产品的内涵、外延及其分类，实则决定着相应服务的内涵、外延及其分类，而公共产品是产品的一个重要组成部分，产品自身属性是对其进行分类的重要依据。在此意义上，公共服务在本质上可以说是公共产品，公共产品的内涵和属性是我们理解公共服务内涵和属性的重要依据和参考。20 世纪中期，西方公共经济学者萨缪尔森（Samuelson）、马斯格雷夫（Musgrave）、布坎南（Buchanan）等均从公共物品角度解读基本公共服务含义，认为基本公共服务就是“由人民建立起来的，为公民提供服务、维护集体利益，并承担相应义务的相关活动”。[①]

在经济学意义上，产品是指能够供给市场，被人们使用和消费，并能满足人们某种需求的任何东西，包括有形的物品，无形的服务、组织、观念或它们的组合。在经济学理论界，主要根据产品所具有的排他性和竞争性属性特点来区分产品。所谓的竞争性，指产品如果被一个消费者使用，就不能再被第二个消费者使用；所谓的排他性，指生产者能够阻止不付费的消费者得到该产品。[②] 公共产品概念最早由休谟（D. Hume）于 1739 年提出，1896 年瑞典经济学家威克塞尔在《财政理论研究》中提出“纯公共产品理论”，1919 年瑞典经济学家林达尔（E. R. Lindahl）认为人们彼此不能就公共产品的生产采取合作态度时，均衡就会被破坏，其最早正式使用公共产品（Public Goods）一词。在此基础上，20 世纪 50 年代萨缪尔森（福利经济学派代表人物）在《公共支出的纯粹理论》中提出公共产品理论，根据产品的排他性和竞争性将经济产品分为公共产品和私人产品，认为公共产品具有非排他性，就是社会全体成员都可以同时享用的集体消费品，且每个人对这种集体消费品的消费都不会减少其他社会成员的消费[③]。一般认为，公共产品的非排他性包括三个层面意思：一是指任何人都不能不让别人消费公共产品，若独自消费公共产品，技术上不可行或成本过高；二则任何人不得不消费公共产品；三是任何人都可以恰好消费相同数量的公共产品。[④] 同时，公共产品具有非竞争性，其非竞争性包含两个层面含义：就消费者而言，在不拥挤的情况下对公共产品的消费不排

① ［美］詹姆斯·S. 鲍曼等：《职业优势：公告服务中的技能三角》，张秀琴译，中国人民大学出版社 2005 年版，第 4 页。

② ［美］E. S. 萨瓦斯：《民营化与公司部门的伙伴关系》，周志仁等译，中国人民大学出版社 2002 年版，第 45—47 页。

③ 保罗·A. 萨缪尔森、威廉·D. 诺德豪斯、胡代光：《经济学》（上），北京经济学院出版社 1996 年版，第 26 页。

④ 丁芸：《城市公共经济管理》，经济科学出版社 2004 年版，第 71 页。

斥和不妨碍他人同时享用，也不会因此减少他人消费该公共产品的数量和质量；就生产者而言，每增加一个消费者的消费成本为零。

上述对产品进行公共产品和私人产品的分类的严格前提是产品消费的不拥挤，即新增消费者引起该产品的边际成本为零。斯蒂格利茨认为，严格定义的公共产品是一种极端情况，可称之为“纯公共产品”，纯公共产品的消费是非竞争性的（增加一个人对它分享时，并不导致成本的增长），也是非排他性的（排除任何个人对它的分享都要花费巨大的成本）。[①] 弗里德曼把纯公共产品定义为“一旦生产出来，生产者就无法决定谁来得到它”[②]，典型的纯公共产品如国防。但很多人认为这种绝对非竞争性、非排他性公共产品在现实生活中是极为少见的，而现实中大量存在着的一般是具备非竞争性或非排他性某一个方面，或非排他性或非竞争性并非绝对的产品。基于此种现实和理论分析，有学者将公共产品分为纯公共产品和准公共产品。1965 年布坎南在其出版的《俱乐部的经济理论》中，提出俱乐部产品理论，认为很多公共资源性物品（公共牧场、公共林场、公共池塘、饮用水、天然景区等共同资源）和公共工具性设施（收费道路、港口、桥梁、公园、图书馆、公共文体娱乐设施等）等都属于不纯粹的公共产品，其后者属于俱乐部产品；上述公共资源性物品和公共工具性设施都可以被称为准公共产品。根据上述分类标准和理解，我们将物品进行分类。如图 2—1 所示。

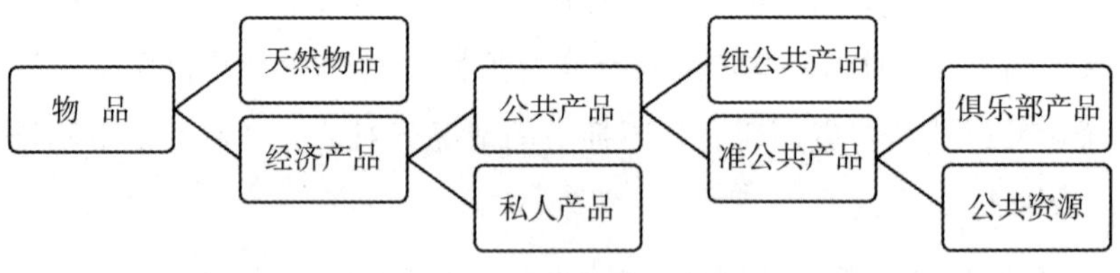

图 2—1 物品分类图

① 丁芸：《城市公共经济管理》，经济科学出版社 2004 年版，第 68—69 页。

② D. Friedman，Price Theory，South - Western Publishing Co. 1986.

为了更好地呈现物质世界中物品的组成，我们将相关中间环节隐去，实则物质世界中的物品是由天然物品、私人产品、纯公共产品、俱乐部产品和公共资源组成，如图 2—2 所示。

图 2—2　物品组成示意图

在图 2—2 中，因天然物品是未经人的劳动，也没有控制甚至在技术上无法控制的物品，其在所有权属性上不属于任何个人和组织，而且对其消费也具有一种无限满足的特性，因此，我们可以将其排除在研究之外。其他四种产品是按照产品的竞争性和排他性程度进行的分类，每种产品所具有的竞争性和排他性程度各不相同：纯公共产品既具有非竞争性，又具有非排他性，即任何人都可以不付出地消费此产品或无法阻挡其他人消费，而且增加任何一次消费都不会增加支出成本，或永远不会造成消费拥挤；公共资源类物品不具有排他性，但具有一定的竞争性，无法有效排除不付费者使用的产品；公共工具性物品，即俱乐部产品具有一定的排他性而不具有竞争性，但非竞争性会因为消费成员数超载而受到破坏，而且由于该产品的排他性可采取措施限制使用者数量；而私人产品是既具有排他性，又具有竞争性，个人能够有效地控制某一产品为个人享有和占用。

由于各自产品所具有的竞争性和排他性的程度差异，决定了在现实中为了有效、有序地进行产品供给与消费，每类产品的供给方式、付费方式、消费途径、成本承担、经费来源等方面都必然存在不同。如萨缪尔森认为，公共物品具有不可分割的外部消费效果，公共物品一般要求集体行动，而私有物品则可以通过市场有效地提供①，并且他认为社会秩序、市场秩序、法律制度、环境保护、传染病防治等属于比较纯粹的公共产品，提供主要依赖于政府。李雪萍教授也对四类产品的竞争性和排他性特征进行过归纳②，笔者在此基础上，为了力图能在宏观上对上述四种产品所具有的竞争性和排他性进行直观展示，绘图 2—3 进行表示。

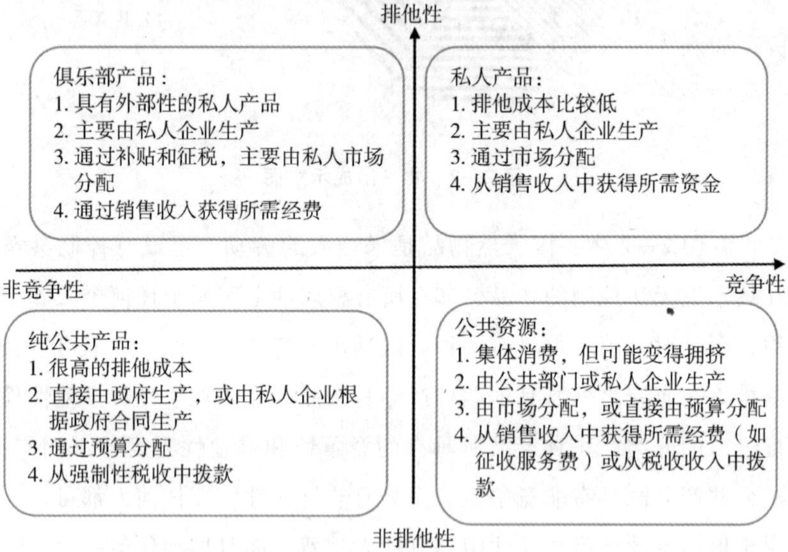

排他性

俱乐部产品：
1. 具有外部性的私人产品
2. 主要由私人企业生产
3. 通过补贴和征税，主要由私人市场分配
4. 通过销售收入获得所需经费

私人产品：
1. 排他成本比较低
2. 主要由私人企业生产
3. 通过市场分配
4. 从销售收入中获得所需资金

非竞争性

竞争性

纯公共产品：
1. 很高的排他成本
2. 直接由政府生产，或由私人企业根据政府合同生产
3. 通过预算分配
4. 从强制性税收中拨款

公共资源：
1. 集体消费，但可能变得拥挤
2. 由公共部门或私人企业生产
3. 由市场分配，或直接由预算分配
4. 从销售收入中获得所需经费（如征收服务费）或从税收收入中拨款

非排他性

图 2—3　物品具有的竞争性和排他性示意图

图 2—3 只是抽象和宏观地表述了四类产品所具有的竞争性和排他性的区别，而在某一类产品内部，不同产品的排他性和竞争性也是有差别的，他们的特征也各不相同，在现实中的供给方式、付费方式和消费方式都存在差别。而且，私人产品、纯公共产品、俱

---

① ［美］保罗 · A. 萨缪尔森、威廉 · D. 诺德豪斯：《经济学》（第 12 版），中国发展出版社 1992 年版，第 1194 页。

② 李雪萍：《城市社区公共产品供给研究》，中国社会科学出版社 2008 年版，第 97 页。

乐部产品和公共资源这四类产品之间的区别，也绝非像图2—3中的横轴和纵轴那样截然清晰分离，他们之间也存在大量的模糊地带或过渡性区域，为解决此问题，布坎南和沙瓦斯都提出了物品和服务连续体的理念，认为各类产品之间、各类产品内部的各具体产品之间，其所具有的竞争性和排他性程度并非一致，而是呈现多元化、差异化的特点，萨瓦斯用“二维连续分布”图较为清晰地表现了不同产品所具有的竞争性和排他性程度及特点，每一种产品，都能够在相应的序列中找到定位，并可以判断其具有的排他性程度和竞争性程度，[①] 现实中的物品在竞争性和排他性的布局中，呈现多元和散性分布特点。布坎南、萨瓦斯提出的二维连续分布思想方法已超越了公私二分法的束缚，学术界将非纯粹公共产品和非纯粹个人物品之外的产品，称为“混合产品”。

一般认为，公共产品（纯公共产品）具有以下六个特征：1. 公共产品的生产具有不可分性，即公共产品不可能仅向部分人提供而不向另一部分人提供，它只能向所有人提供，要么不提供；2. 公共产品的规模效应显著；3. 公共产品的投资大量集中于该类产品提供的初始阶段，后续经营资本较小；4. 公共产品的生产具有自然的垄断性，不适合全部由私人部门掌握；5. 对消费者进行收费在技术上有困难或成本过高，成本回收相对较为困难，私人部门不愿意提供该类产品；6. 公共产品的消费具有社会文化价值[②]。

基于产品非竞争性和非排他性属性及其程度，我们可以界定哪些属于公共产品或公共服务，哪些不属于公共产品或公共服务，其判断标准就在于产品或服务本身是否具有“非竞争性”和“非排他性”属性及其程度，具有非竞争性和非排他性，我们称之为公

---

① ［美］E. S. 萨瓦斯：《民营化与公司部门的伙伴关系》，周志仁等译，中国人民大学出版社2002年版，第45—50页。

② 罗震东、张京祥、韦江绿：《城乡统筹的空间路径——基本公共服务设施均等化发展研究》，东南大学出版社2012年版，第18—19页。

共服务；同时，因非竞争性和非排他性存在程度差异，因而也存在纯公共服务和准公共服务之分。基于此，有学者将基本公共服务界定为“居民在生产、生活中共同享用的具有消费上的非竞争性、效用上的不可分割性以及收益上的非排他性的公共设施和服务”①，也有学者将“非竞争性和非排他性”的产品特征进行拓展延伸，认为可以从公益性、可经营性程度来界定基本公共服务②。

（二）政府责任向度

虽然产品本身属性是决定产品是否是公共产品的重要标准和依据，但是不是所有的准公共产品和纯公共产品都应该纳入公共服务的范畴？除了纯公共产品和准公共产品之外的任何产品，都不属于公共服务吗？答案是否定的。公共服务内涵与外延的界定，受多种因素影响，其中，政府所应该、所能够肩负的责任是决定某一产品或服务是否纳入一个国家公共服务范围的重要考虑因素。

在西方理论界，政府责任与公共服务的界定也息息相关，19世纪后半叶，德国社会政治政策学派代表瓦格纳（Adolf Heinrich Gotthilf Wagner）最早提出基本公共服务概念，认为基本公共服务是政府财政支出的重要部分，从而将政府责任（财政支付责任）与公共服务相联系起来。20世纪初期，法国狄骥从现代公法制度研究的角度认为公共权力行使者负有使用其手中的权力来组织基本公共服务，并保障和支配基本公共服务进行的责任。他认为“任何因其与社会团结的实现与促进不可分割，而必须由政府来加以规范和控制的活动，就是一项基本公共服务，它具有只有通过政府干

---

① 张立荣、李军超、樊慧玲：《基于收入差别的农村公共服务需求偏好与满意度研究》，载于《中国行政管理》2011年第10期。

② 蔡放波：《略论加快建设我国基本公共服务体系》，载于《学习与实践》2007年第5期，第88页。

预，否则便不能得到保障的特征”[①]。该说法认为提供适度的公共服务是政府的重要职责。从根本上而言，公共服务是一类特殊的公共产品，也是一种特殊的社会消费品，公共服务的公共性决定了如果仅仅依靠市场和社会力量供给产品或服务，往往并不能保证服务的有效供给，必须由公共权力执行机关的政府来负责供给。18 世纪英国经济学家亚当·斯密在《国富论》中，就把“公共基础设施建设”作为与“国防和安全”、“行政司法”并列的政府三大职能之一，也是基本公共服务内容。

从政府责任的语义上来理解，政府责任有两层含义：第一，政府及其公务员所负有的职责；第二，政府及其公务员没有履行职责而应承担的不利后果，此处的理解在于前者。但因研究视角和领域的差异，对政府责任范围的理解多有不同，如从宏观上而言，罗姆瑞克（mzek）把政府责任分为官僚责任、法律责任、政治责任和职业责任四种[②]；张成福教授把政府责任分为道德责任、政治责任、行政责任、诉讼责任和赔偿责任五种[③]；张强把政府责任分为政治责任、官僚责任、公平责任和绩效责任四种[④]；还有学者认为政府责任包括政治责任、经济责任、社会责任三种形态[⑤]。这些理解多是从宏观视角进行的归纳与分类。那么，这些责任如何体现或如何在现实中实现呢？其实，政府责任的重要体现或实现路径在于政府职能，我们可以通过政府职能来洞察某一国家或政府的责任。

---

① ［法］莱昂·狄骥：《公法的变迁：法律与国家》，郑戈、冷静译，辽海出版社、春风文艺出版社 1999 年版，第 53 页。

② Romzek, Barbara S: Where the Buck Stops: Account ability in Reformed Public Organizations in Patricia, San Francisco: Jossey - Buss, 1998, p. 197.

③ 张成福：《责任政府论》，载于《中国人民大学学报》2000 年第 2 期，第 75—82 页。

④ 张强，《政府责任模式的演变及其启示》，载于《华南师范大学学报（社会科学版）》2004 年第 5 期，第 78 页。

⑤ 毛中根、孙豪：《政府责任演变与财政支出结构变迁：国际经验及中国的定位》，载于《南京政治学院学报》2013 年第 2 期，第 64 页。

政府职能是指政府在国家和社会公共事务管理中所应承担的职责、所应具有的功能以及所应起的作用，是政府在国家和社会中行使权力的范围、程度和方式，它反映着公共行政的基本内容和活动方向①。马克思主义认为政府基本职能有两种，即政治统治职能和社会管理职能，但从宏观上而言，政府职能包括政治职能、经济职能和社会职能，也有学者将之划分为政治职能、经济职能和公共职能②，还有学者根据服务性质不同，将政府职能划分为传统职能和现代职能，传统职能指一般的行政、司法、警务和国防等；现代职能指文化教育、卫生保健和其他社会服务等，并认为相比于发展中国家，发达国家的现代职能支出比重更高，其传统职能支出比重则更低。③

一般来说，广义上公共服务范围或规模是由政府的职能所决定的，政府所提供的产品包括公共产品，也包括由于外部性、信息不对称、垄断等市场失灵导致市场供应不足的产品，还包括政府行使经济调控、市场监管和社会管理等职能所提供的产品和服务。公共服务除了具备公共产品特点外，公共服务着眼于满足社会公共需求，包含应为公民普遍公平享有的价值追求。④ 公共服务所涵盖的具体内容、实现形式、公共服务主体等结构性问题随着政府职能的不断调整而发生相应变化，与政府职能变迁有着密切关系。这其中原因包括两个方面：1. 政府与市场、政府与社会在提供公共服务过程中扮演的角色以及相互关系，不同的关系，政府所提供的公共服务的范围和途径是各不相同的；2. 不同层级的政府在提供公共服务方面的职能差异，不同层级政府，在提供公共服务过程中，所

---

① 何峥嵘、梁燕妮：《政府职能的变迁与行政给付》，载于《西部法学评论》2009 年第 5 期，第 73 页。

② 苏明：《财政支出政策研究》，中国财政经济出版社 1999 年版，第 104 页。

③ 罗乐勤：《政府支出和狭义政府消费核算的问题研究》，载于《统计研究》2005 第 12 期，第 48 页。

④ 罗震东、张京祥、韦江绿：《城乡统筹的空间路径——基本公共服务设施均等化发展研究》，东南大学出版社 2012 年版，第 19 页。

扮演的角色也各不相同。[①] 因而，政府责任对公共服务的内涵与外延的界定有着重要作用，政府责任的界定直接影响和决定着公共服务供给的实际规模，所谓的公共服务的规模，就是以政府公共服务职能定位和相应的政府权力配置为基础，以公共服务支出占政府总支出和 GDP 的比重，以及以提供公共服务为目的的政府机构数量等可测量指标为指针的公共服务的表现样态。[②]

政府职能在不同国家的不同历史时期，随着国家性质和任务的不同、经济发展阶段及特点的不同、法治建设进程的不同等因素影响而各有所侧重。如在自由资本主义时期，奉行“管得最少的政府就是最好的政府”的信条，国家被形象地称为“夜警国家”，政府充当“守夜人”角色，亚当·斯密在《国富论》中认为，政府的职能是保护“生命、自由和财产”，理论界盛行行政权“只能为其消极目的而行使，不允许超过这一限度为积极地增进社会公共福利而行使”这一理念[③]。此阶段，政府更多地承担起维护国家主权和维持现有政权的政治职能，国家行为必须有益于个人的活动保持自由，而避免某些对个人权利的侵犯。”[④] 但到了“二战”以后，出于对“市场失灵”的纠偏，凯恩斯主义和政策、福利国家理念在西方国家盛行，很多国家通过积极的福利措施来保障人权和防范社会风险，政府的社会管理职能得到迅速扩展，“表现在各国先后颁布相关法律和规章制度促成了社会保险和社会救济系统即广泛的社会保障公共系统，由此也界定了现代福利国家的概念”[⑤]。政府的角色从被动转为主动，从不干预转为主动干预，最好的政府乃是

---

① 孙晓莉：《中外公共服务体制比较》，国家行政学院出版社 2007 年版，第 27—28 页。

② 同上。

③ 杨建顺：《日本行政法通论》，中国法制出版社 1998 年版，第 313 页。

④ ［法］莱昂·狄骥：《公法的变迁》，辽海出版社、春风文艺出版社 1999 年版，第 358 页。

⑤ ［美］尼古拉斯·施普尔伯：《国家职能的变迁》，杨俊峰、马爱华、朱源译，辽宁教育出版社 2004 年版，第 38—40 页。

有能力为社会服务的政府，这为福利国家的产生提供了必要的条件。而福利国家的出现，意味着政府提供社会福利服务力量的扩张，政府的责任不仅是救助一般贫困与社会急需，而应更积极地保障并促进全民的福祉。由此，政府的职能发生了重大转变，政府的社会管理和服务职能得到迅速扩张。

新中国成立以来，我国政府职能也经历了全能型政府职能、有限型政府职能和服务型政府职能等三个发展阶段。全能型政府职能时期，我国政府以政治职能为重心，在经济管理方面，重计划的功能，否定市场的资源配置功能，在社会管理方面表现为强政府（国家）、弱社会；有限型政府职能时期，以经济建设为中心，在经济管理方面，充分发挥市场配置社会资源的基础作用，在社会管理方面，政府（国家）和社会相互协调；服务型政府职能时期，政府社会职能确立[①]，体现在政府机构改革和重大决策部署上，1998 年的国务院和政府机构改革、2003 年十六届二中全会审议通过《关于深化行政管理体制和机构改革的意见》，政府对市场的监管职能明显加强。特别是 2003 年 9 月，国务院总理温家宝在《深化行政管理体制改革，加快实现政府管理创新》的讲话中，强调在社会主义市场经济条件下，政府职能包括经济调节、市场监管、社会管理和公共服务的同时，特别强调社会管理和公共服务职能。2004 年 3 月，根据十六大报告和十六届三中全会报告的精神和依法行政的需要，国务院在《全面推行依法行政实施纲要》第四部分的第 6 条到第 10 条对政府职能转变和行政管理体制作了专门规定，依法界定和规范了现阶段我国政府的职能，即经济调节、市场监管、社会管理和公共服务，中共十六届三中全会报告对如何完善政府社会管理和公共服务进一步做了具体规定。上述有关政策文件的各种规定标志着我国政府职能转

---

① 何峥嵘、梁燕妮：《政府职能的变迁与行政给付》，载于《西部法学评论》2009 年第 5 期，第 74 页。

变到了一个新的阶段，即提供公共服务和进行社会管理成为政府的重要职能定位。有学者基于政府的四项基本职能认为公共服务的范围应该包括上述四项职能，但也有学者认为公共服务主要指上述政府四大职能中的“基本公共服务”这项内容。

从政府责任的视角来界定公共服务的边界与内容，实则是突出强调政府在公共服务的供给中所应承担的责任和义务，刘尚希认为公共服务是指政府利用公共权力或公共资源，为促进居民基本消费的平等化，通过分担居民消费风险而进行的一系列公共行为①。马庆钰认为公共服务主要是指由法律授权的政府和非政府公共组织以及有关工商企业在纯粹公共物品、混合性公共物品以及特殊私人物品的生产和供给中所承担的职责。② 这些都反映了学界对政府责任与公共服务之间内在关联的揭示，在揭示公共服务边界范围的同时，也揭示了公共服务的某些属性特征。

政府责任对公共服务范围与边界的影响，在现实中体现在政府的社会职能上。政府的社会职能是随着社会结构变迁及社会问题的出现而逐步成为一项独立的政府职能。当社会由政治国家和私人领域的二维结构变成政治国家、市民社会、私人领域三维结构时，在国家利益、个人自由以外，产生了社会公共利益，基于公法及公共组织对社会公共利益和社会公平秩序的维护，出现了政府作用的新领域。因此，政府社会管理职能是基于政治国家、公民社会、私人领域构成现代社会的基本结构框架而言的。有学者据此将政府的社会职能界定为：“政府通过制定专门的、系统的、规范的社会政策和法规，管理和规范社会组织，培育合理的现代社会结构，调整社会利益关系、回应社会诉求、化解社会矛盾，维护社会公正、社会秩序和社会稳定，孕育理性、宽容和文明的社会氛围，建设经济、

---

①　刘尚希：《基本公共服务均等化：现实要求和政策路径》，载于《浙江经济》2007 年第 13 期，第 45 页。

②　马庆钰：《公共服务的几个基本理论问题》，载于《中共中央党校学报》2005 年第 1 期，第 58－64 页。

社会和自然协调发展的社会环境。”①

在西方国家，政府社会管理职能在不同发展阶段和历史时期，在不同的国家都有着很大差异，在理论上，存在社会秩序理论、福利国家理论、第三条道路理论等对不同时期的政府社会管理实践进行解读②：社会秩序理论，政府的社会管理职能主要是维护社会秩序，以确立和保护财产权的方式维护社会秩序；社会管理以社会自我管理和社会自治为主。19世纪以后，基于构建现代社会秩序的社会需要，政府的社会管理职能得到体现和加强。福利国家理论认为，国家的主要任务是加强国家对社会经济活动的管理和监督，扩大社会福利，实现国民收入的公平分配，于20世纪50年代至70年代最为鼎盛，于20世纪90年代，在反思福利国家弊端的基础上出现了第三条道路理论，该理论把平等和社会正义看作与自由同样重要的原则，把建立和发展社会保障制度作为实现社会正义的手段，倡导积极的福利，主张用“社会投资型”国家来取代“福利国家”，变消极的福利制度为积极的福利制度，把更多的资源用于人力资本的投资方面。

我国政府的社会管理职能近年来也在逐步加强，政府逐步承担起均衡社会各阶层的利益、化解社会矛盾、控制贫富分化的极端发展等职能。中共十六届三中全会报告，以列举的形式对政府的社会管理职能进一步作了具体的规定，政府的社会管理职能主要内容包括以下几个方面：一是为农村富余劳动力就业创造良好的环境，完善流动人口管理；二是完善就业服务体系，帮助困难群体就业；三是加大收入分配调节力度，重视解决部分社会成员收入分配差距过大的问题；四是加快城乡社会保障体系改革，加快与经济发展水平相适应的社会保障体系建设；五是深化教育体

---

① 陈振明：《什么是政府的社会管理职能》，载于《新华文摘》2006年第3期，第88页。

② 何峥嵘、梁燕妮：《政府职能的变迁与行政给付》，载于《西部法学评论》2009年第5期，第74页。

制改革，增强国民的就业能力、创新能力、创业能力，努力把人口压力转变为人力资源优势；六是深化文化体制改革，逐步建立党委领导、政府管理、行业自律、企事业单位依法运营的文化管理体制，健全文化市场体系，建立富有活力的文化产品生产经营体制；七是健全公共卫生体制，强化政府公共卫生职能，提高公共卫生服务水平；八是建立健全预警和应急机制，提高政府应对社会突发事件和风险的能力。

（三）居民需求向度

服务是主体和客体分离的结果，是人（主体）的需要与满足人需要的外界物（客体）之间的一种关系，即客体以其效用性对主体需要的满足。公共服务依然是对社会主体需求的满足，只是这种服务是以“公共”形式来体现或提供的，在现实实践中，在需求的主体这一方形成“公共需求”。值得注意的是，公共需求的根基在于个人需求，但公共需要并非社会中全体个人需要的简单相加，而是一般社会需要的抽象，是维持社会存在和社会发展正常进行的基础条件①。在一定意义上，公共需求或公共服务是对个人需求和公共需求有条件的，根据一定标准遴选的结果。同时，公共服务既包括以公共产品为形式呈现出来的结果，也包括提供公共产品的这一服务过程。②

因此，有学者认为，公共服务是指筹集和调动社会资源，通过提供公共产品（包括水、电、气等具有实物形态的产品和教育、医疗、社会保障等非实物形态的产品）这一基本方式来满足社会公共需要的过程，其以税、费或志愿性劳动作为提供的成本。③ 刘尚希在此基础上认为，基本公共服务可从两个角度理解：一是从消

① 孙晓莉：《中外公共服务体制比较》，国家行政学院出版社 2007 年版，第 3 页。

② 同上书，第 15 页。

③ 同上书，第 1 页。

费需求的层次看，与低层次消费需要有直接关联的即为基本公共服务；二是从消费需求的同质性看，人们的无差异消费需求属于基本公共服务。[①] 我国在《国家基本公共服务体系“十二五”规划》中，将基本公共服务界定为“建立在一定社会共识基础上，由政府主导提供的，与经济社会发展水平和阶段相适应，旨在保障全体公民生存和发展基本需求的公共服务”。

从居民需求视角对公共服务界定的特点，在于其视角着眼于需求方，并且进而界定作为公共服务之需求的特点，一般认为作为公共服务的需求具有层次上的低级性和消费上需求上的同质性，或共需性，属于满足居民最为基本的生产和生活需求的“低”层次需求，当然，随着经济社会发展水平提高，该“低”水平层次也有一个逐步提高的过程。由于是居民生活的低层次基本需求，对于绝大部分群体和居民而言，低层次的生产和生活需求，一般人人都需，而且基本需求是雷同的，诸如吃穿住行用之类，以及基本的个人发展需要的需求，如教育、卫生等需求。所以，对于此类需求一般是人人均需的，具有需求的“同质性”或“共同性”特点。

从居民需求的视角来界定公共服务，突出强调了公共服务对于居民需求和生活的重要性，也更好地体现了公共服务满足居民基本生存和发展的特性。

（四）公民权利向度

居民需求从根本上说是来自于人生存和发展的本能，这种需求的满足对人的生存和发展至关重要，为更好地满足该需求，最为根本的途径就是赋予该需求予以社会属性和社会地位，即必须使该需求的满足得到社会认可和社会的保障，并且，将彼此之间的需求进行合理有序的安排。如何让此种需求获得社会认可和社会保障，并

---

① 刘尚希：《基本公共服务均等化：现实要求和政策路径》，载于《浙江经济》2007年第13期，第45页。

将彼此需求得以合理、有序满足？根本上来说，就是使之具有权利身份和地位，因为只有当某项需求或需要成为权利、具有权利属性之后，才能获得对抗第三人侵犯（侵害）的道义和社会基础，并且，一旦当此种应然的权利获得法律保障和支持时，就成为法律权利，从而为权利实现、需求的满足提供了强制性的法律和制度保障；当法律得以实施并实现法律目标时，居民需求最终得以在现实社会中实实在在的满足，此时，居民享受公共服务的权利成为现实中的权利。另一方面，居民需求只有获得权利的身份和地位，才能更明显地纳入政府的责任视野，居民需求一旦上升到权利层面，才能对政府形成职责或责任压力，因为对权利的保护和实现，是政府的重要职责和任务，因此，居民权利和政府责任间存在一种内在的关联。

既然公共服务本质上来源于居民需求，而居民需求在现实中的实现在很大程度上依赖于其“权利”化，也是以“权利”形式得以呈现，因而，公共服务获得了权利属性和意义，也正是如此，基于权利的基本性与非基本性，也为公共服务区分为基本公共服务和非基本公共服务提供了一定理论基础和参考。

从公共服务的权利属性，或从权利视角来看公共服务时，有学者认为公共服务是指政府或社会组织为满足民众生存和发展权，运用法定权利和公共资源，面向全体公民或某一群体，组织协调或直接提供的以共同享有为特征的各种产品和服务，具有公共性、福利性、增值性、规范性、演进性等特征①。基于对公民权利的范围的理解，唐钧认为基本公共服务正是对公民生存权、健康权、居住权、受教育权、工作权和资产形成权的保障。② 中国（海南）改革发展研究院的研究者认为，公共

① 施昌奎：《北京公共服务：布局、标准、路径》，知识产权出版社 2013 年版，第 112 页。

② 唐钧：《“基本公共服务均等化”保障 6 种基本权利》，载于《时事报告》2006 年第 6 期，第 6 页。

服务是建立在一定社会共识基础上，为实现特定公共利益，根据经济社会发展阶段和总体水平，为保持经济社会稳定、基本的社会正义和凝聚力，保护个人最基本的生存权和发展权，由政府直接提供或政府财力支持、引导提供的公共服务[①]。上述理解的落脚点，在于认为公共服务的目的在于保护个人最基本的生存权和发展权。

上述四个方面既可以说是界定公共服务的基本向度，也以不同的视角揭示了公共服务的不同的属性或特性，也可以说是对公共服务属性或特点的描述性归纳或总结。也正是在此意义上，在学界研究的话语体系中，研究者往往更加研究需要和具体语境，对公共服务的内涵与属性进行不同的解读与界定。

二 基本公共服务中"基本"之内涵

基本公共服务中的“基本”是对“公共服务”的限定，是公共服务的限定语。那么何谓“基本”？一般来说，“基本”主要包含着两个方面的意蕴：一则是指其重要性或重要程度，因为其十分重要，所以具备“基本”的地位和属性；二则意指一定的范围或标准，与基本相对的为非基本。在公共服务语词之前以“基本”做限定，其重要意义或功能在于将基本公共服务与非基本公共服务相区别开来，从而体现基本公共服务和非基本公共服务对于居民和社会的重要性程度上的差异，以及各自范围和边界的差异。那么，什么样的公共服务才属于“基本”公共服务？有学者认为，可以运用“基础性、广泛性、迫切性和可行性”四个标准对公共服务进行判断。所谓基础性，指那些对人类发展有着重要影响的公共服务，他们的缺失将严重影响人类发展；所谓广泛性，指那些影响到

---

① 中国（海南）改革发展研究院、联合国开发计划署：《惠及13亿人的基本公共服务——中国人类发展报告2007》，中国对外翻译出版公司2008年版，第102页。

全社会每一个家庭和个人的公共服务供给；所谓迫切性，指事关广大社会群众最直接、最现实、最迫切利益的公共服务；所谓可行性，指公共服务的提供要与一定的经济发展水平和公共财政能力相适应。据此，可以确定“基本”公共服务之范围或内容，并以此为标准，认为基本公共服务的主要内容包括：“义务教育、公共卫生和基本医疗、基本社会保障、公共就业服务”①。具体而言，我们可以从以下几个方面判断某一公共服务是否属于“基本”公共服务之范畴。

1. 基本公共服务是居民“基本”之“需求”，是“需求”之“基本”。基本公共服务是公共服务中最基础、最核心的部分，与公民最关心、最直接、最现实的切身利益相关，是居民进行有序生活的基本条件，是居民生活和生产最为基本的“需求”。基本公共服务与居民基本需求具有直接相关性的特点，与居民生活必需品的供给相对应，或者说基本公共服务是居民的最低层次的需求。当然，因为人主体的多元化，加之人的需求有层次之分，因此，我们无可否认虽然同是居民的最低层次性需求，但对具体个人而言，其各自的最低需求仍然具有一定差异。但从总体上而言，在这种多元化的最低层次需求背后，依然存在着较大公约数；而且，因为是居民生活生产所需的“基本”需求，因而，此“公约数”往往比较大。一般来说，生理需求与安全需求是人生存的最低层次需求，为满足或保障此类需求，一般将公共卫生、社会保障、环境保护和公共安全等均作为基本公共服务的范畴。

2. 基本公共服务是政府的“基本”之“职责”。“公共性”是政府的基本属性，其“公共性”的重要体现就是其职能的公共性目的，体现为政府管理的“公共性”和维护社会公正的责任确定。公共性指的是“一种公有性而非私有性，一种共享性而非排他性，

① 中国（海南）改革发展研究院：《基本公共服务与中国人类发展》，中国经济出版社2008年版，第18页。

一种共同性而非差异性"①。尽管对政府"公共性"的追求在一定程度上是现代政治文明为之追求理想，具有目标和理想色彩，但从人类历史的长时段叙事而言，人类一直在朝此方向迈进。政府通过提供和保障公共服务来实现或满足其"公共性"这一属性目标，因此，实现公共利益和公共目标是政府的基本功能定位。提供基本公共服务可以说是政府公共职能的"底线"，或者说是政府"公共性"属性的最为集中和最为根本的体现，在此意义上，基本公共服务一般应由政府负最终责任，是政府最为基本的职责。但政府对公共目标和责任承担与实现是有阶段性的，在不同历史发展阶段、不同的国家，政府的职责和能力配置的差异不仅存在于理论界的研究逻辑中，而且人类历史发展的实践，以及当前国际社会中不同国家的实践，都证明了国家权责配置的多元化分布。国家权责不同分布的一个重要领域，就是政府所承担公共服务的领域与内容的差异，其重要影响就在于会影响一个国家对"公共性"以及"公共利益"边界的界定与解读，也正是基于此，对"公共利益"的界定，不仅理论界存在多元化理解和分歧，在实践中也存在政府职责或责任的不同配置。如在西方国家市场经济发展的早期，出现重商主义与强政府；在自由资本主义时期（资产阶级政权稳固建立后），在市场经济理论下，奉行有限政府的信条，政府为"守夜人"角色；在"二战"以后，凯恩斯主义盛行，很多国家推行福利国家政策，政府主要通过财政和货币政策实行对经济的全面调节和干预。所谓福利国家，就是政府通过实行混合经济、充分就业措施、收入均等化、兴办社会福利等手段，达到社会稳定和繁荣的一种国家形态。② 到20世纪七八十年代，面对市场和政府的双重失灵，出现以布坎南为代表的公共选择学派提出公共选择理论，在此

① 王保树、邱本：《经济法与社会公共性论纲》，载于《西北政法学院学报》2000年第3期，第64页。

② 周世逑、苏玉堂主编：《中国行政管理学》，中央党校出版社1996年版，第50页。

理论引导下，西方行政改革的指导思想再一次恢复到“小政府”理论，其理论的核心思想是“市场经济有可能失败，但政府干预一定失败”[①]，肯定市场规律的决定性地位，强调政府干预要在市场机制之内发挥作用，进而引发新公共管理改革。[②]

新中国成立六十年以来，有学者认为中国的政府责任经历了三个时期的变化：全能型政府时期，政治责任凸显，政府责任越位；经济建设型政府时期，以经济责任为中心，政府责任错位；公共服务型政府时期，社会责任回归，政府责任缺位[③]。也有学者认为我国政府职能转变也经历了三个阶段：第一阶段（新中国成立之初—改革开放前）：经济职能与政治职能并重到以政治职能为重心；第二阶段（改革开放以来）：政府工作重心从政治职能转向经济职能；第三阶段（党的十六大以来）：政府工作从偏向经济职能转向社会管理和公共服务。[④] 林尚立教授认为新中国成立以来，中国政府职能形态经历了“以政治职能为轴心整合经济和社会职能、以经济职能为轴心整合政府与社会管理职能、以社会管理职能为轴心整合政治与经济职能”三种形态，其间经历了两次形态转换[⑤]。展现了一个“从以政治职能为轴心的全能型政府，到以经济职能为轴心的经济型政府，再到以社会职能为轴心的公共服务型政府的转变”的基本转型历程[⑥]。季卫东教授认为新中国成立以来，我国政府责任“在1960年代的主旋律是破

① 宋世明：《美国行政改革研究》，国家行政学院出版社1999年版，第270页。

② 高慧军：《当代行政职能理论和实践变迁对我国政府职能转变的启示》，载于《教学与研究》2003年第7期，第18页。

③ 陈毅：《建国六十年来中国政府责任的变化与展望》，载于《中南大学学报（社会科学版）》2010年第3期，第69—73页。

④ 姜承红：《我国政府职能六十年的变迁与展望》，载于《北京行政学院学报》2009年第4期，第46页。

⑤ 林尚立：《民主的成长：从个体自主到社会公平》，载于《权利、责任与国家（复旦政治学评论，第4辑）》：上海人民出版社2006年版，第375—376页。

⑥ 陈毅：《建国六十年来中国政府责任的变化与展望》，载于《中南大学学报（社会科学版）》2010年第3期，第69—73页。

私立公，1970年代的课题是走出政治动荡，1980年代的基调是经济体制转型，1990年代的特征是个人发财，而2000年代似乎将以关怀低收入阶层和分配正义为重点……前25年（1954—1978）的时代性本质在于把个人纳入组织（计划管理），其象征性符号是作为国家机器中的‘螺丝钉’而默默奉献的雷锋；后25年（1979—2004）的时代性本质是从组织分离个人（市场竞争），其象征性符号是摇滚乐第一人崔健，他通过震撼灵魂的呐喊使个体都按照发乎自然的节奏而舞蹈唱和"[①]。季卫东教授认为，新中国成立后前25年是个人被纳入组织的计划管理，后25年是个人从组织中分离的市场竞争。但笔者认为在上述50年后，个人还得回归组织之中，过社会化组织内的“人之生活”，因此，重塑政治共同体与公民的新型关系就显得尤其重要。

3. 基本公共服务一般具有“同质性”特点。因为基本公共服务既是居民最为“基本”的需求，也是政府应该承担的“基本”责任，其目的在于使之被全体社会成员无差异地公平性消费的同时，确保全体居民获得基本的生存和发展条件。在其应然价值上看，人人都应该平等享受到此种服务，而从个人消费需求的基本内容和属性而言，越是低层次性的生活消费，人与人之间越具有更多的相似性，因为这部分需求是人之生活和发展的“基本”保障；越是高层次的生活消费，人与人之间的需求越是体现一种差异化趋向。所以，在现实实践中，基本公共服务所含的内容或对象，往往具有高度的雷同性。

4. 基本公共服务中“基本”标准之动态性。“基本”公共服务在很大程度上是一个比较的概念，是和“非基本”公共服务相比较、相对而言的，二者从整体上而言都是公共服务，其区别就在于“基本”和“非基本”的差异。通过对非基本公共服务特点的

---

① 季卫东：《宪政新论》（第2版），北京大学出版社2005年版，第302—304页。

把握，一方面，我们进一步明确基本公共服务的范围及其特点；另一方面，也可以发现二者之间边界之模糊性与动态性。非基本公共服务，总的来说具有以下特点：1. 需求人数方面，非基本公共服务主要针对特定的、特殊需求的群体，人数相对较少；2. 从社会性来看，非基本公共服务主要为满足部分社会群体的需求，其提供和消费所带来的社会性不是很广泛；3. 从政府作用来看，非基本公共服务需要政府直接提供和管理的强度不如基本公共服务，更多依靠市场或社会组织来提供。有学者将非基本公共服务分为准基本公共服务和经营性公共服务，准基本公共服务，指为保障社会整体福利水平所必需的，同时又可以引入市场机制提供货运营的，但由于政府定价等原因而没有盈利空间或盈利空间较小，尚需政府采取多种措施给予支持的社会公共服务，包括基础设施、公用事业、公共交通、保障性住房、出租车、高等教育、职业教育、群众文化、全民健身等领域的公共服务；经营性公共服务，指完全可以通过市场配置资源，满足居民多样化需求的社会公共服务。政府不直接提供，通过开放市场并加强监管，鼓励和引导社会力量举办和经营，包括大型展览场馆的投资运营、经营性文艺演出、影视节目制作、发行和销售、体育休闲娱乐等服务。[①] 可见，准基本公共服务与经营性公共服务，相对于基本公共服务而言，除在地位的重要性方面存在差异之外，其重要特点在于其提供方式或供给方式也存在差异，也正是根据供给特点和供给方式的特殊性，对其进行的分类。但这些服务项目和服务内容并不是固定不变的，有些服务在经济社会发展水平低时属于非基本公共服务范畴，但在经济社会发展水平高时，又转变为居民生活所需的基本公共服务。因此，基本公共服务和非基本公共服务之间并没有截然的界限。

---

① 施昌奎：《北京公共服务：布局、标准、路径》，知识产权出版社 2013 年版，第 112 页。

三 基本公共服务的特点

作为一种社会事实呈现，在客观属性和事实上，基本公共服务又具有什么特点呢？笔者对学界研究进行归纳，基本公共服务的特点主要体现在以下几个方面。

1. *内容和范围之“基本”性*。既然是基本公共服务，那么首要的特点就在于其“基本”性，对于“基本”之内涵，前述已言，总体而言，目前学界在对于基本公共服务的“基本”性上，取得以下共识：① 1. 基本公共服务对应的是社会公众的低层次的或基本的公共需求，即需求之基本性；2. 利益直接相关性，基本公共服务是公共服务中最基础、最核心部分，与群众最关心、最直接、最现实的切身利益相关；3. 政府责任之基本性，是政府公共服务的底线，由政府最终负责。

2. *权利属性之基本性*。公共服务具有内在的权利属性，或者说基本公共服务是公民权利之体现。而所谓的基本公共服务，是居民权利中最为基础的部分，一般说来，基本公共服务旨在保护人类的基本生存权、发展权和健康权，所以，基本公共服务的内容也与基本生存权、基本发展权和基本健康权紧密相关：1. 基本生存权，即为了实现此目标，政府及社会为每个人都提供基本就业保障、基本养老保障、基本生活保障；2. 基本发展权，即为满足公民基本尊严和基本能力的需要，需要政府及社会为每个人都提供基本的教育和文化服务；3. 基本健康权，即为满足基本健康需要，需要政府及社会为每个人提供基本的健康保障。

3. *范围和标准的阶段性*。一方面，基本公共服务的范围具有阶段性，不同历史阶段基本公共服务的范围不同；另一方面，基本

---

① 罗震东、张京祥、韦江绿：《城乡统筹的空间路径——基本公共服务设施均等化发展研究》，东南大学出版社 2012 年版，第 14 页。

公共服务的“均等化”中的“均等化”既是一个比较概念，也是一个表征“程度”的概念，所以基本公共服务均等化的标准也具有阶段性。这种阶段性特征受多种因素影响而成，包括经济社会发展水平、国家政治经济制度、国家发展过程中的战略选择和政策导向等，这些因素共同导致国家或政府所具有的基本公共服务供给能力及实践中选择性供给的差异，也导致基本公共服务之“均等化”水平和程度之差异。同时，基本公共服务的内容和范围，还受社会成员的基本公共需求水平和居民需求差异的影响，在不同的国家、不同的历史时期，基本公共服务所涵盖的范围都存在差异。总而言之，对基本公共服务均等化的范围和标准的界定是动态的，从一个长时段来看，是一个动态的发展过程，具有阶段性特征。

4. 公共性与公益性。既然是“公共”服务，其重要目标在于公共利益的实现，所以，对公共利益的追求是公共服务内在的自身价值。公共服务是一类特殊的公共产品，也是一种特殊的社会消费，公共服务的最大特点是它的公共性。首先，它的服务对象是所有社会成员，所以具有公众性；其次，它的服务内容涉及所有社会成员的共同需要，所以具有公用性；还有，它的服务目标是实现公众的共同利益，因而具有公益性①。当然，这种对公共利益的追求，很多是建立于对个人的服务和利益保护基础之上的，是通过对个人需求的满足、个人权益的保护而为个人生存和发展提供基础性的条件和保障，从而为整个社会和谐、有序的可持续发展提供基础。

5. 价值目标上的“均等性”。对公平公正的价值追求是基本公共服务的重要目标，基本公共服务是满足公民“基本”生活需求，关乎居民基本生存与发展权益，对居民而言，具有“必需性”，只有具备并获得此服务，才能维持基本的生存与发展，基本公共服务

① 刘丹：《统筹公共事业是政府的基本责任》，载于《中国行政管理》1999 年第 5 期。

的水平和质量也直接影响着居民的生活水平和质量。对此类直接关乎民生、直接关涉居民生存与发展的服务供给，从应然角度来看，应具有普惠性，即人人都应该平等地享有，因为这是对基本生活条件的基本保障，否则，将会带来生活障碍。因此，基本公共服务供给的目标或理想结果是供给的“均等性”，否则，将可能导致基本公共服务之存在价值的流失，难以取得理想的社会实践效果。

四　基本公共服务均等化中“均等化”之内涵

基本公共服务均等化，不仅是理论价值目标追求，而且是我国党和国家政策的重要实践目标，其内容是“基本公共服务”，其目标是“均等化”，那么何谓“均等化”？均等，是一个相互比较的概念，有均衡、平等之意，那么，均等化应该或可以从哪些方面进行比较，或根据什么标准进行比较呢？有学者对目前学界对“均等化”的理解进行了归纳，认为学者们主要从权利均等、机会均等、结果均等、结构均等视角进行判定[①]。

1. 权利均等视角。该视角基于公共服务的权利分析视角，认为基本公共服务均等化在本质上是权利均等，意指公民都有平等享受基本公共服务的权利。最为典型的如唐钧认为，基本公共服务均等化是指在基本的公共服务领域尽可能地使全国人民享有同样的权利，政府应该尽可能地满足全国人民在公共服务领域的基本物质需求，公共服务均等化的目标具体化就是生存权、健康权、居住权、受教育权、工作权和资产形成权6项公民权利，这实则也指出了基本公共服务均等化的范围和内容[②]。该视角基于公共服务内涵的权利视角进行判断，认为既

① 姜晓萍、田昭等：《基本公共服务均等化：知识图谱与研究热点述评》，中国人民大学出版社2016年版，第11页。

② 唐钧：《公共服务均等化保障6种权利》，载于《时事报告》2006年第6期，第42—43页。

然基本公共服务是居民的基本权利，那么，基本公共服务均等化就是居民基本权利的均等化，权利均等化是基本公共服务均等化的权利话语表达。

2. 机会均等视角。该视角基于机会公平和正义的视角，认为基本公共服务均等化，重在给居民提供均等或相对均等的获取服务或利用资源的机会，如果每个居民所拥有的机会能够均等或相对均等，居民因此具有能够获取相对均等的某种基本公共服务的“可能”，那么，就意味着该项基本公共服务基本实现均等化了。如刘尚希认为基本公共服务均等化的本质是通过某一个层面的结果平等来达到机会均等①；常修泽、迟福林等也认为基本公共服务均等化的内涵应包括全体公民享有基本公共服务的机会均等，结果大体相等，同时在提供大体均等的基本公共服务过程中，尊重社会成员的自由选择权②。

3. 结果均等视角。该视角着眼于基本公共服务均等化的实践效果，认为基本公共服务均等化，重点体现在居民实实在在地享有相同或相对均等的公共服务，重在对公共服务实践和结果的关注。如迟福林等，都强调基本公共服务均等化是指一国范围内的全体居民应当享受到水平大致相当的基本公共服务，包括义务教育、基础卫生医疗、就业和社会保障等③；贾康也认为，公共服务均等化是分层次、分阶段的动态过程，成熟的公共服务均等化状态表现为不同区域、城乡之间、居民个人之间享受的基本公共服务水平一致，并认为从起始到成熟，公共服务均等化要经历不同的阶段，在每个阶

---

① 刘尚希：《基本公共服务均等化：现实要求和政策路径》，载于《浙江经济》2007 年第 13 期，第 45 页。

② 常修泽：《公共服务均等化亟须体制支撑》，载于《当代社科视野》2007 年第 3 期，第 47 页。

③ 迟福林：《公共服务均等化：构建新型中央地方关系》，载于《廉政瞭望》2006 年第 12 期，第 41 页。

段其具体重点、目标及表现是不同的，当前，工作重点定位于实现区域公共服务均等化，同时加快城乡公共服务均等化，兼及居民公共服务均等化。①

4. 构成均等视角。该视角基于对基本公共服务的结构进行分析，甚至扩大到对基本公共服务供给全过程的相关结构和要素进行分析，认为在相关要素或环节上做到均等或相对均等，即实现了基本公共服务均等化。因对基本公共服务均等化的结构要素分析视角不同，所以对基本公共服务均等化也有着不同的解读。如孙庆国认为应该从均等的主体（谁跟谁均等）、均等的客体（哪些方面要均等）、均等的标准（如何判断）三个方面来理解，并认为均等的主体是地区间、城乡间的社会成员，均等的客体是基本公共服务②。薛元、李春芳认为可以从制度、投入、参与、配置四个方面梳理基本公共服务均等化的内涵：制度架构上确保全体国民享有权利均等；财政投入上确保全体国民享有资源均等；决策参与上确保全体国民享有机会均等；资源配置上确保全体国民享有效果均等③。从基本公共服务内涵及其实践的要素来分析其均等化，是一种宽泛视角，力图考虑到基本公共供给与受惠的全过程及各个方面。

但在实践中，我们要谨防以下几个错误观点或实践行为：1. 平均主义式的共享基本公共服务。基本公共服务均等化不是平均主义，均等化不是在实物量、构成或价值量上的完全等同，而是一种大体上的相等和可比较，且这种差异不应该明显影响社会公平与公正；甚至有学者认为基本公共服务均等化不是基本公共服务的平均

① 贾康：《公共服务的均等化应积极推进，但不能急于求成》，载于《审计与理财》2007 年第 8 期，第 6 页。

② 孙庆国：《论基本公共服务均等化的衡量指标》，载于《浦东干部学院学报》2009 年第 1 期，第 57 页。

③ 薛元、李春芳：《关于实现我国基本公共服务均等化的对策建议》，载于《中国经贸导刊》2007 年第 17 期，第 17 页。

化，而是在全国有统一的制度安排。[①] 2. 绝对结果的绝对均等。基本公共服务均等化是在承认客观差异前提下的均等化，不是不顾实际地消除差异，而是逐渐缩小差异；有学者认为是要把社会不同阶层、不同地区的服务差距控制在社会可接受范围内。[②] 3. 基本公共服务内容的全部均等。尽管基本公共服务是普惠性的，其服务对象理应是普适性的，但基本公共服务均等化发展必须有所侧重，需要在保证全体社会居民基本健康和生存的前提下更加关注弱势群体；基本公共服务均等化提供社会和谐的基本保障，是社会弱势群体得以有尊严生活的基础物质条件。4. 均等化的标准是客观固定的。基本公共服务均等化是一个动态和变化的过程。[③] 5. 基本公共服务均等化不等于政府财政完全买单，基本公共服务的供给主体应该是多元的，基本公共服务的供给形式也是多样化或复合性的。

五　基本公共服务的外延及分类

基本公共服务具体包括哪些服务内容或项目，或者说基本公共服务的外延边界在哪里？尽管基本公共服务的内容体系是动态的，而且不同历史阶段及不同国家、地区存在差异性，但从整体上而言，依然具有较大的共性和相对稳定性。笔者通过对基本公共服务内容的分类归纳总结同时，也对基本公共服务外延进行了界定。

（一）理论界对公共服务的分类

要对基本公共服务的内容进行分类，首先面临分类标准与依据

---

① 中国（海南）改革发展研究院、联合国开发计划署：《惠及13亿人的基本公共服务——中国人类发展报告2007》，中国对外翻译出版公司2008年版，第168页。

② 姜晓萍、田昭等：《基本公共服务均等化：知识图谱与研究热点述评》，中国人民大学出版社2016年版，第12—13页。

③ 罗震东、张京祥、韦江绿：《城乡统筹的空间路径——基本公共服务设施均等化发展研究》，东南大学出版社2012年版，第16页。

的选择问题，因分类标准或依据选择不同，有着不同的分类。事物属性是对事物进行分类的基本依据，也是决定事物外延范围的基本要素。对基本公共服务进行分类，其标准也必须建立在基本公共服务的属性基础之上。目前，学界主要以基本公共服务的功能及供给特点、基本公共服务的权利属性及特点为标准或依据进行分类。另外，因基本公共服务所涵盖的具体内容、实现形式、公共服务主体等结构性问题一般会随着政府职能的不断调整而发生相应变化，与政府职能变迁有着密切关系。所以，有学者根据政府职能为标准对基本公共服务进行了相应的分类，笔者将学界对基本公共服务内容分类梳理如表2—1所示。

表2—1 基本公共服务分类表

分类标准	类别	内涵	代表性内容	供给特点
公共服务的功能和供给特点①	政权性公共服务②	为维持国家政权持续良性存在及国家机构正常运转，保证国家职能正常实现所需的公共服务	如立法、司法、行政和军队国防、外交、警察、消防等	具有强烈的垄断性和政府身份属性，只能由国家或政府来供给
	经营性公共服务③	为满足个体性私人生活生产或企事业组织生产发展活动需要的公共服务	如邮电、通信、电力、煤气、自来水、交通等	多具有生产弱竞争性和消费弱选择性；一般由个人直接付费

① 孙晓莉：《中外公共服务体制比较》，国家行政学院出版社2007年版，第1页。

② 有学者将此类公共服务称为公共安全性基本公共服务，王谦将之称为“维护性公共服务”，参见罗震东、张京祥、韦江绿：《城乡统筹的空间路径——基本公共服务设施均等化发展研究》，东南大学出版社2012年版，第19页。

③ 有学者将之称为“基础性公共服务”，王谦将之称为“经济性公共服务”，另外，陈昌盛认为在该类经济性公共服务中除了基础设施之外，还应该包括基础科技、环境保护等。

续表

分类标准	类别	内涵	代表性内容	供给特点
公共服务的功能和供给特点①	社会性公共服务②	为满足公民的生存、生活、发展等社会性直接需求所提供的服务	如就业、社会保障、社会福利、教育、卫生医疗、文化体育、科技发展等	供给上多具有外部经济性和竞争性特点
公共服务的权利属性及特点③	底线生存性服务	为保护居民的生存权所需的服务	如公共就业服务、养老保险、基本生活保障和基本住房保障等	
	自我发展性服务	为保障居民和社会发展权所需的服务	如义务教育、公共卫生和基本医疗、公共文化体育等	
	健康保护性服务	为保障居民健康权所需的服务	如公共医疗卫生服务、医疗保险等	

① 孙晓莉：《中外公共服务体制比较》，国家行政学院出版社2007年版，第1页。

② 常修泽将之分为社会性公共服务包括"基本民生性服务"和"公共事业性服务"，基本民生性服务主要包括就业服务和基本社会保障；公共事业性服务主要包括义务教育、公共卫生和基本医疗、公共文化等。参见常修泽：《公共服务均等化亟须体制支撑》，载于《当代社科视野》2007年第3期，第47页。

③ 曾红颖：《基本公共服务均等化标准与阶段性目标研究》，中国计划出版社2013年版，第135页。与之类似，中国（海南）改革发展研究院从公民应享有的生存权、发展权、健康权角度提出基本公共服务包括三个基本点：1. 基本就业保障、基本养老保障、基本生活保障，以保障人的基本生存权；2. 基本的教育和文化服务，满足基本尊严（或体面）和基本能力的需要；3. 基本的健康保障，保障公民的基本健康需要。参见中国（海南）改革发展研究院、联合国开发计划署：《惠及13亿人的基本公共服务——中国人类发展报告2007》，中国对外翻译出版公司2008年版，第168页。

续表

分类标准	类别	内涵	代表性内容	供给特点
公共服务的权利属性及特点①	环境性服务②	为保障社会和居民环境权所需服务	如居住服务、公共交通、公共通信、公用设施和环境保护等	
	公共安全性服务③	为保障居民和社会、国家的安全权所需的服务	如食品药品安全、消费安全、社会治安和国防安全等	
宪法中是否规定为政府职责④	宪法中明文规定为政府职责的服务	没有竞争性供给者的服务项目	如国防建设、民政和民族事务等	具有非排他性、非选择性和非竞争性
		有其他竞争者存在的服务项目	如文化教育、医疗卫生和体育事业以及城乡建设等	具有非排他性，但具有选择性和竞争性

① 曾红颖：《基本公共服务均等化标准与阶段性目标研究》，中国计划出版社 2013 年版，第 135 页。与之类似，中国（海南）改革发展研究院认为，从公民应享有的生存权、发展权、健康权角度提出基本公共服务包括三个基本点：1. 基本就业保障、基本养老保障、基本生活保障，以保障人的基本生存权；2. 基本的教育和文化服务，满足基本尊严（或体面）和基本能力的需要；3. 基本的健康保障，保障公民的基本健康需要。参见中国（海南）改革发展研究院、联合国开发计划署：《惠及 13 亿人的基本公共服务——中国人类发展报告 2007》，中国对外翻译出版公司 2008 年版，第 168 页。

② 陈海威、田侃：《我国基本公共服务均等化问题探讨》，载于《中共福建省委党校学报》2007 年第 5 期，第 31—32 页。

③ 同上。

④ 金太军：《政府职能梳理与重构》，广东人民出版社 2002 年版，第 261 页。

续表

分类标准	类别	内涵	代表性内容	供给特点
宪法中是否规定为政府职责①	宪法无明文规定为政府职责的服务	为居民基本生产、生活所需的服务	如影视业、娱乐业、旅游业和通信业等	具有竞争性
		社会上缺乏实际竞争者的服务项目	如高等教育、科研事业、消防环保等	具有非竞争性

上述所列分类只是学界部分观点，但很具有代表性，通过此种分类，能够反映公共服务内容体系中各服务项目之差异，以及供给方式的差异，这为我们全面认识基本公共服务、合理决策提供重要的参考。

（二）国家政策文件对公共服务的分类

上述理论界对公共服务的分类与实践中国家相关政策或文件对公共服务的分类紧密相关，二者相互影响，理论分类往往为国家决策提供指引，同时，现实国家政策文件一旦形成，又会对理论界形成影响。但二者也有着一定区别，理论界的分类，更多是基于理论范式或理论框架进行的分类，而国家政策文件对基本公共服务的界定，往往处于部门管理和服务提供的角度进行分类，而且，在国家政策或文件中，往往是具体项目列举式的概括。笔者简要梳理了我国近年来相关文件和政策对公共服务的分类，基本情况如表2—2所示。

① 金太军：《政府职能梳理与重构》，广东人民出版社2002年版，第261页。

表 2—2　　国家政策或文件中公共服务分类表

政策文件 选项 内容	国家财政支出目录	《中共中央关于构建社会主义和谐社会若干重大问题的决定》	2012 年《国家基本公共服务体系“十二五”规划》
公共教育	√	√	√
基本医疗卫生	√	√	√
社会保障和就业	√	√	√
文化体育	√	√	√
环境保护	√		
公共安全	√		
城乡社区	√		
交通运输	√		
公共管理	√		
其他公共服务	√		
公共基础设施		√	
基本社会服务			√
人口和计划生育			√
基本住房保障			√
残疾人基本公共服务			√

上述无论是理解界的分类，还是国家政策及相关文件中的表述来看，对公共服务的外延及其分类有着诸多相似性，有些彼此间的差异由政策文件本身对象或工作重点不同所指导致。如在《中共中央关于构建社会主义和谐社会若干重大问题的决定》中的公共服务内容，主要指社会性公共服务，而有些差异来自服务项目表述中所包含内容不同所指；如在《中共中央关于构建社会主义和谐社会若干重大问题的决定》中的“公共基础设施”，其实，该项服

务涉及国家财政目录中“交通运输、城乡社区”等多项服务，因表述不同，使之在形式上有所差异。

在公共服务内容的范围中，哪些又是基本公共服务呢？前述已言，有学者认为可以运用“基础性、广泛性、迫切性和可行性”四个标准对公共服务进行判断，进而认为基本公共服务的主要内容包括：“义务教育、公共卫生和基本医疗、基本社会保障、公共就业服务。”① 也有学者认为基本公共服务包括义务教育、特殊教育、公共科技、公共卫生、基本医疗、公共文化、文化遗产保护、公共体育、公共安全、公共就业服务、社会保障、基本社会福利、社会救助、优抚安置等内容；而其他的公共服务属于准基本公共服务和经营性公共服务。② 从整体上看，基本公共服务范围，一般包括保障基本民生需求的教育、就业、社会保障、医疗卫生、计划生育、住房保障、文化体育等领域的公共服务。广义上还包括与人民生活紧密相关的交通、通信、公用设施、环境保护等领域的公共服务，以及保障安全需要的公共安全、消费安全和国防安全等领域的公共服务。

六　相关概念的内涵与外延

基本公共服务概念内涵与外延的界定过程，与理论界或实践中某些概念有着千丝万缕的联系，但也有着一定区别，这里，将对其中部分与本研究紧密相关的概念进行分析。

（一）社会性公共服务

本研究的主题是“农村公共服务平台的服务标准与设施配置

① 丁元竹：《促进我国基本公共服务均等化的战略思路和基本对策》，载于《经济研究参考》2008年第48期，第11页。

② 施昌奎：《北京公共服务：布局、标准、路径》，知识产权出版社2013年版，第112页。

规范”问题，通过上述梳理和归纳可见，公共服务的外延很多，而“农村公共服务平台”作为提供公共服务的平台或载体，其所能承载的功能和服务项目并非全部公共服务所有内容，该平台所能提供的服务项目内容多属于社会性公共服务。

社会性公共服务，是在公共服务之前加以“社会性”进行限定。何谓“社会性公共服务”？社会性公共服务是指社会发展领域中以满足公众基本需求为主要目的，以公益性为主要特征，以公共资源为主要目的，以公共管理为主要手段的公共服务。有学者认为社会性公共服务主要包括公共教育、公共卫生和基本医疗、公共文化、公共体育、公共安全、就业服务、社会保障、社会福利和社会救助等。[①] 在实践中，如北京市“十一五”发展规划中，对社会性公共服务的具体内容进行列举性规定，以此来推进公共服务均等化的实现。具体内容如表2—3所示。

表2—3　北京市“十一五”发展规划中社会公共服务分类表[②]

领域	基本社会公共服务	非基本社会公共服务	
		准基本社会公共服务	经营性社会公共服务
教育	义务教育、国防教育等法律法规规定的公共教育	学前教育、高中教育、非义务教育阶段的特殊教育、中职教育、高职教育、高等教育、青少年校外活动等需要政府支持的教育	满足特殊需求的学前教育、教育培训、继续教育等市场化教育服务

① 施昌奎：《北京公共服务：布局、标准、路径》，知识产权出版社2013年版，第112页。

② 《北京市“十一五”时期社会公共服务发展规划》，http：//www.bjpc.gov.cn/zwxx/ghjh/wngh/115sq/200610/t9784085.htm. 北京发改委官方网站。

续表

领域	基本社会公共服务	非基本社会公共服务	
		准基本社会公共服务	经营性社会公共服务
医疗卫生	各种疾病预防控制、紧急救援、突发公共卫生事件应急处理和医疗救治、健康教育、计划生育、公共卫生信息和卫生监督执法等	社会保障体系之内的基本医疗服务等	满足特殊需求的医疗服务和卫生保健服务
文化	历史文化文物遗产保护、优秀民间文化保护、公立文化文物设施和首都文化活动等	满足人民群众文化需求、需要政府扶持的文化服务	影视节目制作、发行和销售、出版物发行和印刷、放映、演出、中介经纪等文化产业服务
体育	为提高国民身体素质开展的国民体质监测等公共服务	满足人民群众体育健身需求、需要政府扶持的体育服务	提供体育休闲娱乐、体育竞赛表演、体育用品消费、体育中介等体育产业服务
社会福利和社会救助	社会救助，优抚安置，法律规定的为老年人、残疾人、孤儿、弃婴等特定群体提供养护、康复、托管等	为老年人、残疾人等特定群体提供的，政府不足以补偿成本的多样化专业服务	满足老年人、残疾人等群体特殊需求的养护、康复、托管等市场化服务
公共安全	维护社会稳定、消防安全、交通安全、公共场所安全、反恐反暴、群体性事件处置	涉及市民人身安全、财产安全的服务和涉及合法、安全、公平等法律专业服务	满足特殊需求的公司安保、社区安保等产业服务

北京市在“十一五”规划中比较全面地梳理了在一个地区中社会性公共服务所包含的具体内容，并且区分了其中的基本社会性公共服务和非基本社会性公共服务，也提供了推进基本公共服务均等化的基本阶段性思路，该种分类为我们推进农村基本公共服务均等化提供了很好的借鉴。

（二）社区公共物品

本研究瞄准点在于“农村”中的“村”或“社区”这一单元，实施基本公共服务均等化战略，本质上是公共服务（或产品）在“村”或“社区”这一单元空间中的存在并发挥作用，当基本公共服务在村或社区这一空间呈现时，此时的公共服务可以演变为社区服务，因服务在一定意义上可以称为产品，所以，基本公共服务在社区或农村体现为社区或农村公共物品。为语言表述便捷的需要，再加上“乡村”本是最原始意义上的社区，本文在此将下沉到乡村和社区的公共服务物品统称为“社区公共物品”。

社区公共产品虽具有一般公共产品的属性，但有着自身的特殊性，社区性公共产品最大特性在于其社区性①。其社区性的最大特点就是社区成员的俱乐部属性，史蒂文斯认为：“社区本身就是俱乐部”。② 因而，社区公共产品的服务对象是社区居民，对外界居民有一种排他性，在此意义上，社区公共产品是一种俱乐部产品。另外，社区公共产品的供给单元多以社区为空间边界进行提供，其供给方式都必须与社区相适应，考虑到社区居民需求和可获利用的特殊性。

那么，一般哪些公共服务或公共产品应该下沉到社区层面，成为社区公共产品或社区公共服务？有学者认为社区公共产品包括日

---

① 陈伟东、李雪萍：《社区治理与公民社会的发育》，载于《华中师范大学学报》2003 年第 1 期，第 29—30 页。

② 汉斯·范登·德尔、本·范·韦尔瑟芬：《民主与福利经济学》，陈刚等译，中国社会科学出版社 1999 年版，第 161 页。

常生活服务、文体卫教服务、中介服务、其他服务等。[①] 而李雪萍教授根据社区公共产品的受益对象，将社区公共产品分类如表 2—4 所示。[②]

表 2—4 社区公共产品分类表

<table>
<tr><th>类别</th><th colspan="2">对象</th><th>主要内容</th></tr>
<tr><td rowspan="6">福利产品</td><td rowspan="6">特殊群体</td><td>老年人</td><td>日间照料、护理、安慰、医疗保健、文化娱乐等</td></tr>
<tr><td>残疾人</td><td>生活保障、康复医疗、就业、合法权益保障、文化生活等</td></tr>
<tr><td>优抚对象</td><td>社区优抚安置</td></tr>
<tr><td>特困家庭：失业人员</td><td>提供再就业服务</td></tr>
<tr><td>特困家庭：贫困人口</td><td>社区福利，扶贫济困，儿童、老人、病人救济，低保，慰问等。</td></tr>
<tr><td>刑满释放或社区矫正对象</td><td>家庭思想工作、生活救济与帮助。</td></tr>
<tr><td rowspan="2">便民利民产品</td><td colspan="2" rowspan="2">全体社区居民</td><td>社区环境：邮政、公交、通信网络、自来水和下水道、电力、天然气、社区养老院、社区照明、社区道路建设、社区绿化、垃圾清运、社区安全、控制噪音、治理违章搭建、外来人口管理</td></tr>
<tr><td>社区医疗卫生：疾病预防、医疗诊断、病人护理、健康咨询、卫生宣传和防疫、计划生育技术指导、健康档案</td></tr>
</table>

① 林凤祥：《社区服务公共产品的供给》，载于《中共福建省委党校学报》2003 年第 10 期，第 11 页。

② 李雪萍：《城市社区公共产品供给研究》，中国社会科学出版社 2008 年版，第 149 页。

续表

类别	对象	主要内容
便民利民产品	全体社区居民	社区未成年服务：婴幼儿照料、少儿上下学接送、午餐制作与配送、课外看管、假期托管、智力开发、兴趣与特长培养
		社区生活服务：文化、教育、科普、咨询、培训、体育、娱乐、健康活动设施及其服务、居民互助提供的邻里产品。

上述学者在对社区公共产品进行分类的同时，实则也指出了社区公共产品所包含的具体内容，即社区公共产品的外延。而杨团教授利用服务经济理论，认为不同的社区公共产品的供给方式对市场机制的依赖程度不同，而且社区成员对其使用是否具有独占性也不同，据此将社区公共产品分为自治型服务、保护型服务、专业型服务和运营型服务，具体情况如表2—5所示。①：

表2—5　社区公共产品分类表

服务类型	市场机制		使用方式	
	依赖	不依赖	独占	不独占
自治型服务		√	√	
保护型服务		√		√
专业型服务	√			√
运营型服务	√		共有使用	

上述分类的特点在于突出了社区公共产品的供给方式和使用方式的差异性和多样化，使我们较为清晰地了解公共服务产品在基层平台中的不同存在形式及其应具有的不同供给方式，从而为我们进行有效的社区公共产品供给提供了参考。

① 杨团：《社区公共服务论析》，华夏出版社2002年版，第144—152页。

第三章　基本公共服务设施及标准化

公共服务的供给也好，居民享用也罢，都必须依赖于一定的载体，而重要的载体形式就是公共服务设施，大部分公共服务也正是依附于一定的载体才能得以物质性呈现。现实中，公共服务的内容或项目决定着公共服务设施的呈现内容和形式，公共服务的属性及其供给形式特点，决定了相应的公共服务设施配置及其标准。

一　公共服务设施及分类

公共服务设施，从服务提供或享用的过程角度来看，实则是公共服务从资源到服务的转化过程，公共服务设施是主体层面、资源意义和政府视角的公共服务政策资源、公共服务法律资源及其他形式的社会公共服务资源到受体层面、可行能力、居民视角的公共服务结果之间的过程转化空间。从公共服务的功能角度看，公共服务设施是公共服务的物质载体，包括该社会实践的实现所必需的地面或地下的空间，以及存在于这些空间中因提供公共服务所需的建筑物、构筑物以及其他硬件设施等物质承载基础；从公共服务设施本身属性来看，一方面其具有场所空间性；另一方面具有公共服务属性，是具有公共服务属性的空间场所①。

---

① 罗震东、张京祥、韦江绿：《城乡统筹的空间路径——基本公共服务设施均等化发展研究》，东南大学出版社 2012 年版，第 37 页。

那么，公共服务设施包括哪些？又可以分为哪些类别？因基本公共服务设施从根本上受制于基本公共服务概念的外延边界，所以，对基本公共服务概念和外延的理解决定着基本公共服务设施项目或内容的外延边界。但同时，因为是"设施"，往往多体现为物质性设施或建筑设施，而建筑设施多有着自己的行业标准和建筑标准，而且，近年我国在推进城乡建设规划的过程中，也都强调建设的标准和规范，而基本公共服务设施是城乡建设规划的重要内容，于是，在国家和地方诸多规划性的标准或文件中，多有对基本公共服务设施界定及其规划。另外，学界因研究需要，对基本公共服务设施也有着不同的界定和分类。

（一）国家和地方相关标准中公共服务设施分类

对基本公共服务设施进行界定的相关国家标准主要有三个：《城市居住区规划设计规范（GB50180—93）》及该《规范》（2002 年修订）、《城市用地分类与规划建设用地标准（GBJ137—90）》和《镇规划标准（GB50188—2007）》，在上述三个国家标准的规范性文件中，均对公基本共服务设施所包含的具体内容进行了列举式界定。

1. 国家建设部颁布的《城市居住区规划设计规范（GB50180—93）》及该《规范》的 2002 年修订版。该《规范》中，将居住区的公共服务设施分为：教育设施、医疗卫生设施（含医院）、文体设施、商业服务设施、社区服务设施、金融邮电设施（含银行、邮电局）、市政公用设施（含居民存车处）、行政管理和其他设施九大类。该规范主要是对城市居住区的公共服务设施进行相关的标准化规定，但也可为我们观察农村基本公共服务设施提供借鉴和参考。

2. 国家建设部颁布的《城市用地分类与规划建设用地标准（GBJ137—90）》。在该《标准》中，认为城市公共服务设施所涵盖的用地主要包括：居住用地（R 类）中的公共服务设施用地和公共设施用地（C 类）中除去商业金融业用地以外的用地，并且将"公共服务设施用地"分为"公共管理和公共服务用地"与

“商业服务业设施用地”两大类。其中，“公共管理与公共服务用地”指居住区及居住区级以上的行政、文化、教育、卫生、体育等机构和设施用地，不包括居住用地中的社区服务设施用地，其核心内涵在于必须控制保障满足民生需求的公共服务设施。其具体分为六类：行政办公用地、文化设施用地、教育用地、医疗卫生用地、体育用地、社会福利设施用地。“商业服务业设施用地”指居住区及居住区级以上的各类零售商服、商业性办公、研发设计等综合设施用地，其核心内涵是以营利为主要目的商业服务设施，但是不一定完全由市场经营，政府如果有必要亦可独立投资或合资建设，其具体分为四类：商业设施用地、商务设施用地、研发设施用地、其他商服设施用地。[①] 该标准虽然主要是从土地性质及用途对公共服务设施用地进行分类，实则也是对土地之上公共服务设施进行的宏观分类，根据该标准对公共服务设施土地用途的划分，笔者将其公共服务设施的分类情况进行绘图如图 3—1 所示。

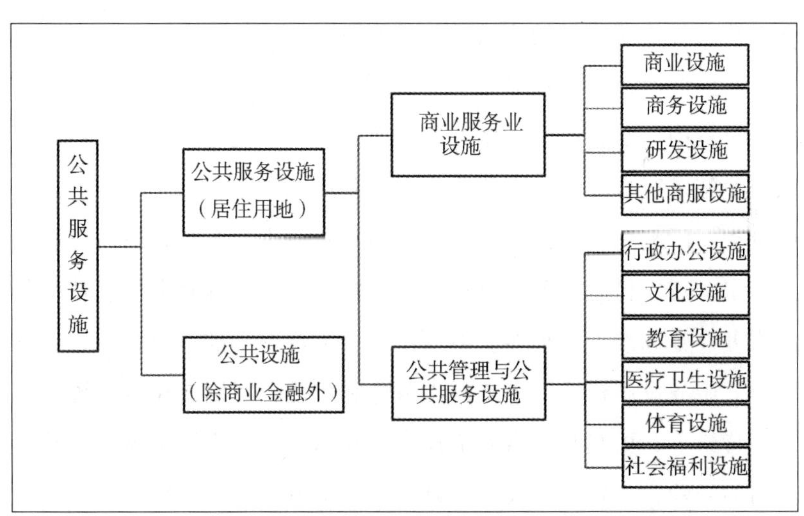

图 3—1　《城市用地分类与规划建设用地标准（GBJ137—90）》中公共服务设施分类图

---

① 罗震东、张京祥、韦江绿：《城乡统筹的空间路径——基本公共服务设施均等化发展研究》，东南大学出版社 2012 年版，第 17—18 页。

有学者认为，从宏观上讲，建设部在《城市居住区规划设计规范（GBJ0180）》（修订本）中将其按使用性质分为教育、医疗卫生、文化体育、商业服务、金融邮电、社区服务、市政公用和行政管理及其他九类。从微观上讲，则是指以上九类中的社区服务类设施，包括社区服务中心（含老年人服务中心）、养老院、托儿所、残疾人托养所、治安联防站、社区组织用房和物业管理设施等。①

3. 国家建设部颁布的《镇规划标准（GB50188—2007）》。在该《标准》中，将“镇”级公共设施按其使用性质分为行政管理、教育机构、文体科技、医疗保健、商业金融和集贸市场六类。该《标准》是专门针对“镇”这一区域的公共服务设施进行的规范性要求，与之相适应，该《标准》认为在镇这层级和区域，存在上述六种设施，尽管该《标准》中使用的是“公共设施”，公共设施与公共服务有一定差别，但二者在实体上存在很大程度的雷同性，即在公共设施所提供的往往是公共服务。

与此同时，全国很多地方（政府）在推进各地公共服务建设实践过程中，都颁布了一系列的法规、政策等规范性文件，对公共服务设施进行标准化和规范化指引，其中也包含着对公共服务设施的分类。因从全国范围来看，多数地方对城市基本公共服务设施有所规定，对农村基本公共服务设施，特别是专门针对乡村的基本公共服务设施标准不是很多。但城市的服务设施标准也为我们研究农村公共服务设施标准提供方向性参考和借鉴，特别是在城乡统筹发展的背景下，更有必要借鉴下述城市在基本公共服务设施标准设定方面的经验，比较有代表性的是北京、上海和南京等城市，都对居住区公共服务设施进行了标准化规定。

1. 上海市：2002 年，上海市出台实施《上海市工程建设规

---

① 陈伟东：国家发展改革委员会招投标项目《社区服务体系建设标准研究》研究报告，华中师范大学城市社区建设研究中心。

范：城市居住区公共服务设施设置标准（DGJ08—55—2002）》，将公共服务设施分为行政管理、市政公用、商业、社会服务、文化、医疗、教育、体育、金融、绿地设施共10类。

2. 南京市：2006年，南京市制定实施《南京新建地区公共设施配套标准规划指引》，将公共设施安装使用功能分为教育设施、医疗卫生设施、文化娱乐设施、体育设施、社会福利和保障设施、行政管理与社区服务设施、商业金融服务设施和邮政电信设施八大类。并按照市级、地区级、居住社区级、基层社区级四级配置。

3. 北京市：2006年，北京市制定《北京市居住公共服务设施规划设计指标》，将居住公共服务设施按性质分为教育、医疗卫生、文化体育、商业服务、社区管理服务、社会福利、交通和市政公用八类。

上述地方性标准，一般以国家相关标准为基础，进行结合实际情况的具体化。内容上也有一定共同性与差异性。笔者将上述国家标准和地方标准中，对公共服务设施进行列表如表3—1所示。

表3—1　　国家与地方标准中公共服务设施的分类表

标准来源 服务设施	标准1	标准2①	标准3	标准4	标准5	标准6
教育设施	√	√	√	√	√	√
医疗卫生设施	√	√	√	√	√	√
文化体育设施	√	√	√	√	√	√
商业服务设施	√	√注②	√	√	√	√

① 该标准中，将行政办公用地、文化设施用地、教育用地、医疗卫生用地、体育用地、社会福利设施称为“公共管理与公共服务”设施。

② “商业服务业设施用地”指居住区及居住区级以上的各类零售商服、商业性办公、研发设计等综合设施用地，分为四类：商业设施用地、商务设施用地、研发设施用地、其他商服设施用地。

续表

标准来源 服务设施	标准1	标准2①	标准3	标准4	标准5	标准6
行政管理	√	√	√	√	√	√
社区服务设施	√			√注②	√	√
金融邮电设施	√		√	√	√	
市政公用设施	√注③			√		√注④
社会福利和保障设施		√			√	√
集贸市场			√			
绿地设施				√		

上述各标准具体如下：

标准1：国家建设部颁布的《城市居住区规划设计规范（GB50180—93）》（2002年修订）；

标准2：国家建设部颁布的《城市用地分类与规划建设用地标准（GBJ137—90）》；

标准3：国家建设部颁布的《镇规划标准（GB50188—2007）》；

标准4：2002年上海市颁布的《上海市工程建设规范：城市居住区公共服务设施设置标准（DGJ08—55—2002）》；

标准5：2006年南京市颁布的《南京新建地区公共设施配套标准规划指引》；

标准6：2006年北京市颁布的《北京市居住公共服务设施规划设计指标》。

---

① 该标准中，将行政办公用地、文化设施用地、教育用地、医疗卫生用地、体育用地、社会福利设施称为“公共管理与公共服务”设施。

② 该标准中语言表述为“社会服务”，但笔者认为其外延与社区服务设施大体相当。

③ 该标准中单列有居民存车处设施，但笔者将之归为市政公用设施中。

④ 该标准中单列交通设施，但笔者认为该设施可以归为市政公用设施中。

上述对公共服务设施的分类，从制定主体来看，多是规划与建设部门，主要是从市政和公共设施的角度进行规划，因为该类设施必须建筑在土地之上，因此一般是对土地的利用途径进行规划，进行设定标准。

（二）学界对公共服务设施的分类

学界很多学者根据研究需要，对公共服务设施也有着多样化的具体性、语境化解释，对其也有着不同的分类，具有代表性的分类主要有以下几种。

1. 依据公共服务的属性，将基本公共服务设施分为公益性公共服务设施（基本教育设施、基本医疗卫生设施、基本体育设施及基本社会福利设施）、生活性市政公用设施（道路交通设施、生活供水、生活污水、燃气、邮政和环卫等）[①]。与此类似的，有学者根据公共服务设施投资主体，将其分为政府投资公共服务设施和民间投资公共服务设施，其中，政府投资公共服务设施又分为政策性公共服务设施和公益性公共服务设施两大类[②]。该种分类旨在突出不同投资主体对公共服务设施配置的影响，或者说公共服务设施存在着不同形式的投资主体和运作方式。

2. 根据公共服务供给方式，将公共服务分为服务半径依赖型设施、网络系统依赖型设施（依赖物质性运输管网提供公共服务的设施）。此种分类方式，突出强调了两类设施在实践中的具体作用方式和空间形式存在的差异[③]。

3. 根据公共服务设施所占据土地的使用用途，将传统的公共

---

① 罗震东、张京祥、韦江绿：《城乡统筹的空间路径——基本公共服务设施均等化发展研究》，东南大学出版社 2012 年版，第 39 页。

② 陈伟东，张大维：《中国城市社区公共服务设施配置现状与规划实施研究》，载于《人文地理》2007 年第 5 期，第 29—30 页。

③ 罗震东、张京祥、韦江绿：《城乡统筹的空间路径——基本公共服务设施均等化发展研究》，东南大学出版社 2012 年版，第 39 页。

设施分为公益性设施和商业性设施两大类①。该类分类基于土地使用用途，意在区分公共设施的不同使用用途及属性。

4. 根据公共服务设施的经济属性，将公共服务设施分为纯公共产品设施、纯私人产品设施、不计入价格的公共产品设施和拥挤的公共产品设施四类②。很明显，此种分类是在基于产品的分类基础上，根据产品或服务所具有的竞争性和排他性程度所进行的分类。

5. 根据居民需求程度，将社区公共服务设施分为基础性公共服务设施和配套性公共服务设施，其中，基础性公共服务设施应以组团和小区为实施单元合理配置；配套性公共服务设施应以居住区为实施单元合理配置。③ 该分类以居民需求为依据，旨在区分满足不同需求的公共服务设施，其供给单元或实施单元的最佳选择存在差异。

上述各种分类，因不同的研究需要，在不同的研究语境下，都以不同视角剖析了公共服务设施的多个角度的属性特征。

二　基本公共服务设施及分类

（一）基本公共服务设施

基本公共服务设施是公共服务设施中“基本”部分，是基本公共资源转化为服务的基本物质载体，作为一种物质承载空间，“基本性”是其重要属性，也正因为其所具有的“基本”属性，赋予其有别于其他非“基本”公共服务设施的特殊属性。从根本上

---

① 周岚、叶斌、徐明尧：《探索住区公共设施配套规划新思路》，载于《城市规划》2006 年第 4 期，第 33—34 页。

② 晋璟瑶、林坚等：《城市居住区公共服务设施有效供给机制研究——以北京市为例》，载于《城市发展研究》2007 年第 6 期，第 95—100 页。

③ 张大维、陈伟东等：《城市社区公共服务设施规划标准与实施单元研究——以武汉市为例》，载于《城市规划学刊》2006 年第 3 期，第 103—109 页。

来说，基本公共服务的“基本性”来源于基本公共服务的“基本性”，在前述已言，不论是学界，还是实践中，对基本公共服务都有着多样化的理解，有学者认为结合我国现实，可以运用基础性、广泛性、迫切性和可行性四个标准来界定基本公共服务的外延边界。所谓基础性，指那些对人类发展有重要影响的公共服务；所谓广泛性，指那些影响到全社会每一个家庭和个人的公共服务；所谓迫切性，指事关广大社会群众最直接、最现实、最迫切利益的公共服务；所谓可行性，指公共服务的提供要与一定的经济发展水平和公共财政能力相适应①。

基本公共服务设施，作为基本公共服务承载载体和空间，具有基本公共服务的基本性，有学者认为基本公共服务设施所具有的“基本”特性体现在“功能基本性、层次基础性、公平优先性、财政依赖性、现实可行性”等方面。所谓功能基本性，即设施承载的是基本公共服务，是基础性设施；所谓层次基础性，即是与基础层次的共性消费需求相关的设施；所谓公平优先性，即设施的配置和运行目标必须将公平放在第一位，并且更加偏向低收入人群、老年人、青少年等弱势群体；所谓财政依赖性，即设施提供主体主要依赖政府，不带营利目的，其运行和维护基本上依赖公共财政；所谓可行性，即提供公共服务设施所提供服务的水平不超出政府财政能力范围。②

前述已言，基本公共服务之“基本”的内涵和标准会因地域和时间的变化而有所不同，影响基本公共服内容、标准、水平、质量的因素主要有经济社会发展述评和地域风俗习惯等方面。经济社会发展水平的影响主要作用于需求和供给两个方面，而特定自然历史条件下形成的地域风俗习惯的差异也会影响到居民对公共服务的

① 中国（海南）改革发展研究院：《基本公共服务与中国人类发展》，中国经济出版社2008版，第138页。

② 罗震东、张京祥、韦江绿：《城乡统筹的空间路径——基本公共服务设施均等化发展研究》，东南大学出版社2012年版，第39页。

需求。

虽然基本公共服务中“基本”的标准是动态和多样化的，但“基本”内涵中的核心内容在一个较长时间段内往往保持稳定，这种稳定性正是来源于公共服务对于居民而言的生活必须性，而人们生活必需品在一定时期内会保持一定程度的稳定性。基于此，有学者认为基本公共服务设施主要包括基本教育设施、医疗卫生设施、文化体育设施、社会保障和社会福利设施、生活性基础设施五大部分。并认为基本教育设施、医疗卫生设施和社会保障和社会福利设施是主要组成部分；其中“生活性基础设施”包括直接为居民生活活动提供服务的市政基础设施，包括道路交通设施、生活供水、生活污水、燃气、邮政和环卫设施等[①]。值得注意的是，生活供水和生活污水设施、燃气设施、邮政等设施的建设运营以提供公共服务为目标，不以营利为目的，政府在投资和运行中处于主导地位，是居民生活的基本保障，属于生活性市政基础设施范畴，但运营形式上采取的是企业公司化运营。

（二）基本公共服务设施的分类

有学者基于上述理解，根据不同分类标准对基本公共服务设施进行了不同分类，具有代表性的有以下几种观点。

1. 根据公共服务属性分类，其可分为公益性公共服务设施和生活性市政公用设施。公益性公共服务设施包括基本教育设施、基本医疗卫生设施、基本文化体育设施以及基本社会福利设施四大类。生活性市政基础设施包括道路交通设施、生活供水、生活污水、燃气、邮政和环卫等市政公用设施。两类设施的投资运作方式存在差别，公益性公共服务设施提供的服务属于劳动密集型服务，运行依赖于各类专业技术人员，后期运营费用较高。生活性市政设

① 罗震东、张京祥、韦江绿：《城乡统筹的空间路径——基本公共服务设施均等化发展研究》，东南大学出版社 2012 年版，第 40—41 页。

施初次建设投入较大，后期运营费用相对较小。

2. 按供给方式分类，其可分为服务半径依赖型设施和网络系统依赖型设施。服务半径依赖型设施指占用点状固定场地，不依赖于运输管网提供有一定面状覆盖范围的服务设施，其设置和运营受门槛人口和服务半径限制，配置该类设施要寻找设施规模和设施间距之间的平衡点。包括全部公益性公共服务设施和部分不依赖物质性管网而发挥作用的生活性基础设施，如公交站点、邮政储蓄点等设施。网络系统依赖型设施是指依赖各类物质性运输管网提供公共服务的设施，其服务范围由管网覆盖范围决定，其设置和运营对各类管网有很强依赖性。网络系统依赖型设施均属于生活性市政公用设施，其大部分设施运行都具有网状结构，该类服务设施配置，要从设施及管网的网络可达性和网络密度进行考虑。

三　基本公共服务设施标准化

前述已言，在基本公共服务设施配置过程中，因很多设施多属于规划和建筑领域，而该领域一般都有相应的规划标准，相应的，基本公共服务设施也多有着自身的行业建筑标准。同时，为了保障基本公共服务的良好供给，也需要建立基本公共服务设施的相应标准。特别是在各行各业都通过推行标准化而提高工作效率和水平的今天，对基本公共服务设施的配置更有一种标准化的追求。

所谓的基本公共服务标准，实则就是建立基本公共服务设施配置的规范，所谓的基本公共服务设施标准化，就是根据一定时期内经济社会发展水平和人民群众对基本公共服务的需求，在政府财政承载能力范围内，对基础教育、公共卫生、社会保障、基础设施、公共安全和环境保护等基本公共服务领域，就其服务数量和质量提出明确标准，并在城乡统一实施以实现基本公共服务均等化目标的规范措施和制度安排。[①] 当然，基本公共服务设施标准化具有以下六个方面特性：标准具有变动性；标准化措施具有公益性；标准化指标呈现多样性；定量指标、规范性表述、操作方法的概括总结、政府意识和责任的规范、定性描述；标准化指标具有统一性；标准化指标具有基础性。

基本公共服务设施标准化与基本公共服务均等化紧密相关，基本公共服务均等化离不开相应的基本公共服务设施的配置，或者说基本公共服务均等化依赖于基本公共服务设施均等化的配置。基本公共服务设施均等化，是基本公共服务从形式均等到后果均等的中间转化环节，是服务均等的过程保证。从居民获取服务的角度来看，其均等应包含以下两个层面：居民获得基本相等的服务作用结果的后果均等；法律、财政和其他政策资源所提供的包括各类资源的使用权和享受服务的权利等居民获取服务的权利保障的形式均等，此处的资源包括政策制定、资金投入、人力资源、其他资源等。基本公共服务设施均等化，包括服务质量和服务距离两个要素。有学者认为，从基本公共服务设施均等化发展过程来看，基本公共服务设施均等化过程可分为三个阶段：形式均等的初始均匀阶段、转化过程的过渡均衡阶段、全面均等的优质均质阶段[②]。

---

① 施昌奎：《北京公共服务：布局、标准、路径》，知识产权出版社 2013 年版，第 114 页。

② 罗震东、张京祥、韦江绿：《城乡统筹的空间路径——基本公共服务设施均等化发展研究》，东南大学出版社 2012 年版，第 56 页。

第四章　湛江市实施农村基本公共服务均等化的实践与经验

从2006年3月国家在“十一五”规划纲要中首次提出“逐步推进基本公共服务均等化”的任务，到“十二五”规划纲要和“十三五”规划纲要均提出“逐步完善符合国情、比较完整、覆盖城乡、可持续的基本公共服务体系，提高政府保障能力，推进基本公共服务均等化”。广东省在《珠江三角洲地区改革发展规划纲要（2008—2020年）》中将基本公共服务均等化列为重要内容，并在广东省“十二五”发展规划和广东省“十三五”规划中均提出以建设幸福广东为出发点和落脚点，大力推进基本公共服务均等化，并提出了广东省基本公共服务均等化阶段性目标，2009年12月，广东省人民政府颁布《广东省基本公共服务均等化规划纲要（2009—2020年）》，并制定了《广东省基本公共服务均等化规划（2009—2020年），对基本公共服务均等化的内涵、意义、指导思想、基本原则进行宏观指导，在对公共服务均等化现状评价基础上，提出了公共服务均等化的目标与实施路径、保障支撑与配套措施等具体性建议。湛江市在湛江市“十二五”发展规划和湛江市“十三五”发展规划中均着重提到了“致力推进基本公共服务均等化，着力保障和改善民生”。然而，对于地处粤西，经济社会发展发展相对落后的地区，实施基本公共服务均等化战略，却面临诸多难题。但湛江市从2013年起，有重点地选择农村作为基本公共服务均等化的突破口，积极推进农村基本公共服务均等化，具中积累了很多有益做法与经验，可供借鉴与参考。

一 湛江市基本公共服务供给概况

（一）湛江市概况

湛江市辖区共 13225.4 平方公里，拥有 2023.6 公里海岸线，2016 年年末全市常住人口 727.3 万人，其中，城镇人口 301.4 万人，乡村人口 425.9 万人。湛江下辖五个区（赤坎区、霞山区、麻章区、坡头区、开发区（含东海岛）和五个县市（吴川、徐闻、雷州、遂溪、廉江），截至 2015 年年底，下辖 82 个镇、2 个乡、37 个街道办事处，共有 1500 个村民委员会和 299 个社区居委会。该市基本面积与人口分布如下 4—1 所示。①

表 4—1 湛江市人口和地域面积状况表

湛江市	土地面积（平方公里）	人口（万人）②			
		乡村人口	城镇人口	常住人口	户籍人口
全　市	13260.8	514.7939	308.1670	724.04	822.9609
市　区	1703.3	65.9822	96.7759	167.33	162.7581
吴　川	870.1	65.7666	52.6177	96.07	118.3843
徐　闻	1979.6	51.5211	25.0312	72.12	76.5523
雷　州	3709.3	125.1926	52.1590	147.69	177.3516
遂　溪	2131.6	73.3023	35.0118	91.81	108.3141
廉　江	2866.8	133.0291	46.5714	149.12	179.6005

2016 年全年实现国内生产总值（GDP）2584.7 亿元，全市人均 GDP 达到 35617 元。从 2010 年至今，湛江市 GDP 的总量在不断递增，但其增长速度从 2013 年开始，呈现下滑趋势，具体情况见

① 该数据来源于 2016 年湛江市统计年鉴。

② 2015 年起，湛江市统计年鉴的统计口径取消农业与非农户口统计，统计口径改为乡村人口与城镇人口。

图 4—1 所示。

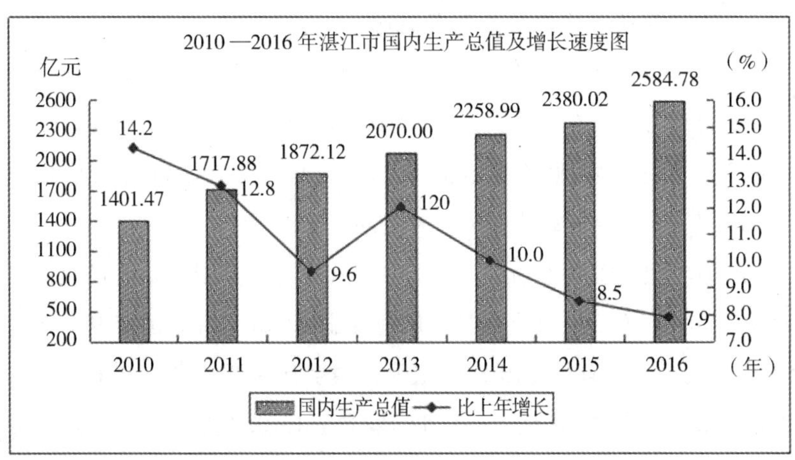

图 4—1　2010—2016 年湛江市国内生产总值及增长速度图

2016 年，湛江市全体居民人均可支配收入 17934. 4 元，其中，城镇常住居民人均可支配收入 24887. 2 元，农村常住居民人均可支配收入 13335. 8 元。从整体上而言，不论是城镇还是农村，人均可支配收入是不断增长的，但总体上而言，城镇居民人均可支配收入仍高出农村很多，体现出城镇和农村的差距，具体情况如表 4—2 所示。①：

表 4—2　　2010　2015 年湛江市人均可支配收入情况表

单位：元/年

年份	2005	2010	2011	2012	2013	2014	2015
全体居民人均可支配收入	——	——	——	——	13823	15302	16632
城镇居民人均可支配收入	9652	15305	17584	20227	19450	21317	23129
农村居民人均可支配收入	4250	6909	8257	9561	10244	11381	12405

① 因 2014 年广东分市县城乡一体化住户调查制度改革，城镇、农村居民人均可支配收入等指标名称和口径与 2013 年以前的市区居民人均可支配收入和农民人均纯收入发生改变，2013 年数据为新口径下测算数据，2012 年以前数据为旧口径数。

（二）湛江市基本公共服务概况

基本公共服务供给的资金来源主要依赖于各级政府财政供给，所以，通过地方政府在公共服务领域的财政支出情况，可以初步判断一个地方的基本公共服务供给情况。2016 年全年湛江市财政总收入 466.19 亿元；公共财政收入 112.94 亿元；税收收入 65.38 亿元。全市公共财政支出 383.48 亿元，其中，一般公共服务支出 34.58 亿元；教育支出 101.16 亿元；社会保障和就业支出 59.28 亿元；医疗卫生支出 57.89 亿元；节能环保支出 5.11 亿元；城乡社区事务支出 16.68 亿元；农林水事务支出 42.07 亿元；交通运输支出 13.02 亿元；住房保障支出 7.93 亿元。从 2010 年到 2016 年，湛江市用于公共服务领域的公共财政支出明显上升，具体情况如表 4—3[①] 所示。

表 4—3　　湛江市 2010—2015 年基本公共服务财政支出情况表

单位：亿元/年

年份	财政总收入	公共财政收入	税收收入	公共财政支出	其中								
					一般性公共服务	教育	社会保障和就业	医疗卫生	节能环保	城乡社区事务	农林水事务	交通运输	住房保障
2010	341.14	66.23	27.81	148.98	21.45	34.77	20.07	13.56	2.93	5.57	15.80	6.29	
2011	465.09	80.03	27.04	186.15	29.62	37.64	24.87	24.58	4.36	9.13	22.63	6.81	
2012	542.38	92.09	53.31	215.06	37.63	49.92	28.21	26.61	3.96	6.37	24.63	9.08	
2013	573.39	105.92	59.48	252.92	51.99	60.00	33.40	28.69	4.38	6.71	23.89	10.79	
2014	564.23	114.42	64.33	287.62	54.60	64.65	46.05	35.80	4.54	13.19	19.54	10.17	5.16
2015	491.60	121.86	68.38	418.46	36.04	97.43	57.19	54.31	5.13	19.18	43.12	39.90	9.24
2016	466.19	112.94	65.38	383.48	34.58	101.16	59.28	57.89	5.11	16.68	42.07	13.02	7.93

① 数据是笔者根据历年湛江市国民经济和社会发展公报中的相关数据统计而得。

从上表看可以看出，湛江市随着 GDP 和财政收入的增加，用于公共服务总支出的总量也是在不断增加的。为了更清晰地看出湛江市每年用于公共服务领域的财政支出的增长比例，我们根据上表统计数据进行年度增长率的计算，具体情况如表 4—4 所示。

表 4—4　2011—2016 年湛江市公共服务领域财政支出增长比例表

单位：%

年份	财政总收入	公共财政收入	税收收入	公共财政支出	其中								
					一般性公共服务	教育	社会保障和就业	医疗卫生	节能环保	城乡社区事务	农林水事务	交通运输	住房保障
2011	36.3	20.84	-2.77	24.95	38.09	8.25	23.92	81.27	48.81	63.91	43.23	8.27	
2012	16.62	15.07	97.15	15.53	27.04	32.62	13.43	8.26	-9.17	-30.23	8.84	33.33	
2013	5.72	15.02	11.57	17.60	38.16	20.19	18.40	7.82	10.61	5.34	-3.00	18.83	
2014	-1.60	8.02	8.15	13.72	5.02	7.75	37.87	24.78	3.65	96.57	-18.21	-5.75	
2015	-12.87	6.50	6.30	45.49	-33.99	50.70	24.19	51.70	13.00	45.41	120.68	292.33	79.07
2016	-5.17	-7.32	-4.39	-8.36	-4.05	3.83	3.65	6.59	-0.39	-13.03	-2.44	-67.37	-14.18

从上表我们可以看出，湛江市从 2011 年至 2016 年间，在 2014 年之前的财政总收入呈现增长趋势，但从 2014 年开始却呈现下降趋势，尽管其下降比例趋势在收窄。除 2016 年外，公共财政的支出一直呈现增长趋势，其中，一般性公共服务从 2015 年大幅下降，但从 2010 年至 2016 年，属于基本公共服务范围的教育、社会保障和就业、医疗卫生，2016 年下降财政支出一直是呈现增长态势；而且，其增长比率高于同期的财政总收入和地方公共财政收入的增长比率，这从另一方面显示湛江市在近年来，将基本公共服务的财政支出放在了重要地位。

2016 年末，湛江市全市参加基本养老保险相加为 114.88 万人，其中参保职工 85.93 万人，参保离退休人员 28.95 万人。参加职工医疗保险 63.61 万人，其中参保职工 43.14 万人，参保退休人员 20.47 万人。参加职工失业保险 39.62 万人，年末领取失业保险金 2913 人，参加工伤保险 41.45 万人。参加生育保险 45.14 万人。2016 年末城乡居民参加医疗保险人数前文总人数为 727.3 万参保率不符，参保率 90.35%。2016 年末享受低保救济的困难群众 22.50 万人，其中：城镇享受低保救济的困难群众 2.14 万人；农村享受低保救济的困难群众 20.36 万人。全市各类收养性社会福利单位共有床位 1577 张，收养人员 1134 人，全市城镇各类社区服务设施 2391 处。①

二　湛江市基本公共服务供给存在的主要问题

结合其他有关数据和笔者在湛江生活十余年的直观感受，湛江市在广东省来说，不论是区位优势，还是当前经济社会发展水平，都明显落后于珠三角地区，甚至落后于国内其他地区。而在实施基本公共服务均等化这一全国性战略的过程中，此类经济发展相对落后地区如何实现目标，则是一个具体而具有挑战性的课题。基本公共服务供给所存在的问题，如果从供给的内容来看，可以从“量”和“质”两个方面进行考察；如果从基本公共服务供给过程来看，主要可以从“公平”和“效率”两个层面进行考察。

（一）供给总量不足

基本公共服务供给最主要的资金来源是财政资金，所以，在政府财政支出中，所涉基本公共服务所占财政支出的比重，并将之和其他地区进行横向比较，能够较为直观地反映一个地区的公共服务

① 2016 年湛江市国民经济和社会发展统计公报，http：//www.zhanjiang.gov.cn/fileserver/statichtml/2017—04/9cda5c42—1f7e—41b5—a929—7a62a4d4bdbe.htm？cid = 4cf153a4—5ab5—49e6—8d65—4c9888b70057.

供给的基本情况。根据2016年广东省年鉴、2016年湛江市年鉴以及2016年全国年鉴有关数据，笔者将各地财政支出中与基本公共服务紧密相关的六项支出项目：一般公共服务项目、教育、社会保障与就业、医疗卫生、城乡社区事务、农林水事务进行统计与比较，得出2016年，全国、广东省及湛江市地区的上述六大项目的人均财政支出情况如表4—5①所示。

表4—5　2016年全国及部分地区涉基本公共服务项目人均财政支出表

（单位：亿元）

项目指标	广东省		湛江市		全国	
	总金额	占比（%）	总金额	占比（%）	总金额	占比（%）
财政总支出	12827.80	100	412.36	100	175877.77	100
一般公共服务	1018.91	7.94	32.23	7.82	13547.79	7.70
教育	2040.65	15.91	99.67	24.17	26271.88	14.94
社会保障与就业	1064.91	8.30	57.68	13.99	19018.69	10.81
医疗卫生	918.36	7.16	53.94	13.08	11953.18	6.80
城乡社区事务	1174.16	9.15	13.85	3.36	15886.36	9.03
农林水事务	811.90	6.33	44.05	10.68	17380.49	9.88

从上表可以看出，湛江市的主要基本公共服务项目，除城乡社区事务该项目外，其他各财政支出占总财政支出的比重均高于或与全国和广东省水平持平，这是不是说明湛江市的基本公共服务水平与全国和广东省水平基本持平呢？答案是否定的。因为衡量基本公共服务水平的一个重要观测点是人均财政支出水平。根据2016全国年鉴、2016年广东省年鉴和2016年湛江市年鉴相关内容，我们将上述各项公共服

① 下表中数据分别来源于全国、广东省和湛江市各自2016年统计年鉴，但2016年全国年鉴和2016年广东省年鉴相关数据取自2015年统计数据，而湛江市年鉴相关数据来源于2016年数据，在此做以说明。且在后续研究中取自上述年鉴中的相关数据，如果没有特殊说明，均系此种情况。且全国的财政支出中包括中央财政支出和地方财政支出两部分。

务的财政支出的人均量进行统计如表 4—6① 所示。

表 4—6　　2016 年全国及部分地区公共服务财政支出人均量表

单位：元/人

项目指标	广东省人均量		湛江市人均量		全国人均量
	常住人口	户籍人口	常住人口	户籍人口	总人口
财政总支出	11823.95	14239.85	5694.48	5010.69	12794.65
一般公共服务	939.17	1131.07	445.08	391.64	985.57
教育	1880.96	2265.28	1376.39	1211.12	1911.21
社会保障与就业	981.57	1182.13	796.53	700.88	1383.56
医疗卫生	846.49	1019.45	744.88	655.44	869.56
城乡社区事务	1082.27	1303.41	191.26	168.29	1155.69
农林水事务	748.36	901.27	608.31	535.26	1264.39

从上表可以看出，湛江市上述六类人均公共服务财政支出，不论是常住人口的人均量，还是户籍人口的人均量，均远低于全国平均水平和广东省水平；但户籍人口的公共服务财政支出量与广东省和全国人均量的差距更大。那么，如何解释湛江市公共服务财政支出的比重高于全国和广东省水平呢？我们可以从公共服务的刚性支出方面进行解释。因公共服务，特别是基本公共服务关乎居民基本生活生产，对居民而言是必需的，因而，与之相关的财政支出也是刚性的，即使在地方财政能力十分有限的情况下，为了保证公共服务需求，其支出依然是刚性的。因此，财政支出总量小，但公共服务支出的量并没有随之减少，所以，公共服务支出所占的比重可能越高；当然，另一方面，这种财政支出结构，在一定程度上也反映了地方政府的支出倾斜性，即对公共服务支出的重视程度。

① 因地方人口统计中，存在常住人口和户籍人口两个统计口径，而公共服务的供给有些是根据常住人口支出的，有些是根据户籍人口支出的，为更全面、准确反映公共服务供给的实际情况，在这里将两者均进行统计。

与之相对的另外一个值得注意的现象，尽管广东省是众所周知的财政大省，但上述六类公共服务支出占财政支出的比重全部低于全国人均水平，如何解释此种情况？我们可以用基本公共服务的基本性中的低层次性来解释，即以财政为保障的基本公共服务，一般属于低层次的基本需求，在一定意义上，该类需求的满足达到一定程度即会进入一个饱和状态，或者说，当达到一个居民能够接受的比较满意状态时，财政对于该领域的支出并不会随着财政支出总量的增加而增加。但另一方面，广东省上述六类公共服务人均财政支出量低于全国平均水平，则反映广东省在上述领域的财政投入还有相当大的空间。

从上可以看出，湛江市是在基本公共服务财政支出方面是严重不足的。

（二）分配不均

基本公共服务分配不均是全国的一个普遍现象，特别是各个省（市、区）之间，基本公共服务间的差距可能还比较明显；就是在广东省内的不同地市之间，甚至在湛江市的不同地区之间，基本公共服务的供给与分配也存在较为明显的差距。这种分配不均主要表现在以下三个方面。

1. 资源占有不均。基本公共服务资源的占有不均，首先体现在城乡之间的资源占有不均。城乡之间及不同地区之间义务教育、医疗卫生、社会保障及公共文化等基础设施、人力资源、技术条件、财政投入等占有失衡。大量的优质资源集中在城市尤其是大中城市，以及少数发达的农村地区，广大的农村地区尤其是中西部地区公共服务资源严重匮乏。就是在湛江市，城市和农村之间，不同地区之间，基本公共服务的供给也存在较大差距。笔者根据 2016 年广东省年鉴，选取普通中学数量、小学学校数量和小学专任教师数量作为基本公共服务内容的比较参数，将 2015 年湛江市，珠三角地区，广东东翼、西翼、山区进行比较，得出其户籍人口的千人比基本情况下表4—7所示。

表4—7 2016年广东省部分地区户籍人口教育资源千人比情况表

地区	户籍人口（千人）	普通中学数量（所）		小学数量（所）		小学专任教师数量（人）	
		总数	千人比	总数	千人比	总数	千人比
湛江	8229.6	306	0.04	779	0.09	32991	4.01
珠三角	32656.9	2036	0.06	3315	0.10	173538	5.31
东翼	18839.0	884	0.05	3070	0.16	72839	3.87
西翼	19009.2	673	0.04	2307	0.12	75418	3.97
山区	19578.5	841	0.04	1434	0.07	72390	3.70

当前，我国的基础教育资源基本上是按照户籍人口进行分配的，从上表可以较为清晰地看出，若按照户籍人口占有教育资源的千人比来看，湛江市普通中学学校和小学学校数量的千人比配置低于珠三角和粤东地区，和山区水平持平；而小学专任教师数量的千人比配置低于珠三角地区，但高于粤东、粤西和山区。小学学校数量和小学专任教师数量千人比的不同位序的原因在于各个地方学校规模、招生人数多少不同，从一个侧面也反映了湛江市小学学校招生规模相对比粤东和粤西、山区的招生规模要大。

同时，值得注意的是，广东省的四个区域，珠三角、东翼、西翼、山区中，其基础教育资源千人比的差异主要在于珠三角地区同其他三个地区之间的差异，而其他三个地区间的差异并不大，而湛江和其他三个地区间的差距也不大。此种现象也充分验证了我们早已熟知的事实：珠三角地区在基本公共服务的供给、配置方面与其他地区存在较大差异，而非珠三角地区基本状况持平。

2. 服务消费不均。城乡之间及不同地区人们基本公共服务的实际消费水平和质量存在较大差距。而且，在同一地区，甚至同一村庄内的居民，因个人经济收入和经济条件的差异，导致许多基本公共服务的项目或内容也存在较大差距。这里，我们将广东省城乡及不同地区居民的最低生活保障人数和最低生活保障金进行比较。笔者采取广东省 2015 年城乡居民最低生活保障情况进行分析，这里，我们暂且抛开城乡之间居民消费水平的实际差异，仅从低保人数和资金的支出，来分析城乡之间的差异，根据广东省 2016 年年鉴，具体情况如表 4—8 所示。

表 4—8　　2015 年广东省城乡居民最低生活保障金情况表

地区	最低生活保障人数（单位：万人）	最低生活保障户数（单位：万户）	最低生活保障金支出（单位：万元）	低保居民人均保障金（单位：元）
城镇	29.69	15.19	159530	5373.19
农村	153.60	71.20	393493	2561.80

从上表可以看出，仅低保人员的人均救济资金标准来看，城乡低保居民在实际所享受的低保保障水平之间存在巨大差距，城镇居民的低保保障金是农村居民的一倍还要多。除此之外，在农村还大量存在着“应保”而实际“未保”的现实情况，尽管在城镇里面，也存在“应保而未保”的情况，但根据笔者所观察到的是，农村的此种现象更为严重。比如笔者了解到很多农村基层在确定低保户的时候，采取的标准条件之一是：子女如果有稳定工作的，其父母不能享受低保。这实际将很多困难家庭排除在低保范围之外。

3. 服务体制二元化及权益不均。城乡分割的二元社会结构造成城乡基本公共服务的资源占有、服务能力及供给水平存在较大的差距，城乡居民民生权益及公共服务享有的权益严重失衡。突出的表现就是，目前我们的公共服务体制的制度设计在很多领域，仍坚持城乡分割的安排思路，即按照人们的城乡不同身份和不同地域来分别设计，而不是按照城乡一体的体制进行安排；在资源和服务的供给上，很多时候其供给呈现的是一种封闭、静态的方式进行，而不是开放、动态的方式。比如，单就医疗保险制度而言，目前我们的医疗保险系统至少由三大部分构成：城镇职工基本医疗保障制度、城镇居民基本医疗保险制度、农村新型农村合作医疗制度。而每一种医疗保障制度，其背后所体现的保障程度和水平及居民个人所享受到的服务水平和质量都存在较大差异。有些居民享受到的基本公共服务存在差距的部分原因是因服务体制——供给制度安排不合理造成的。这种服务体制的二元化、三元化的主要依托是身份，通过身份的划分，将各种公共服务与身份相挂钩，从而实现各种基本公共服务的差异性供给。最为基本的做法就是将人口分为城市人口和农村人口，在此基础上，在城市人口内部和农村人口的内部，又作出若干进一步分类，比如城市人口又区分为城镇职工和城镇居民，在此基础上，基本公共服务实则是按类差别化供给。

（三）供给效率不高

供给效率不高是指在资源总量一定的情况下，服务对象所享受到的水平不够高，或者资源供给量与居民服务水平的比例不匹配。基本公共服务供给效率不高在湛江市表现得较为明显。主要体现在以下几个方面。

1. 供给区域分割化。当前，基本公共服务的供给是以行政区划为基本依托的，就是在湛江市内部，各个县区在基本公共服务供给领域，存在较大差异。比如，中小学教师工资，不同区县存在较大差距，工资最高的为开发区，最低的为徐闻。而这种基本公共服务供给分割化的重要原因在于以行政区划为基础的财政制度。

2. 供给内容分散化。目前，我国政府所提供的诸多公共服务内容是以部门为“条条”延伸并提供服务的。比如，医疗、养老、教育、住房等方面，都是由不同主管部门进行管理，而且这种主管部门往往都是从中央到地方延伸，具有一种“独立王国”的色彩，彼此之间缺乏有效的协调，结果，现实中出现的结果可能就是对有些基本公共服务产品，政府投入很大，但居民实际受惠度并不高，也可能因各个提供服务部门所提供的服务呈现分立、分散特征，很难真正解决居民问题。

3. *供给信息孤立化*。在当前"条块分割，条条分割"的行政管理格局下，对基本公共服务的供给，自然而然就形成了供给孤立化现象，而造成这种供给孤立化现象的重要原因之一是各个部门所享有的信息，包括资源信息和居民的人口信息、生活状况信息等，都是各自分立而没有共享的，在现实中形成了一个个的"信息孤岛"，各个"孤岛"之间缺乏必要的沟通，更难以实现信息资源的共享，而这种"信息孤岛"现象，一方面造成了行政成本的上升；一方面带来了居民办事的不便，更重要的是使公共服务的供给效率大打折扣，而且，还可能留下信息技术漏洞，给管理造成混乱。

三　湛江市实施农村基本公共服务均等化的实践

在我国进入以社会建设为重点、全国大力推进基本公共服务均等化的背景下，湛江市作为广东省内经济社会发展相对落后地区，在推进基本公共服务均等化的实践中，尽管存在上述多种困难和问题，但也有重点、有步骤地实施基本公共服务均等化，并且，在广东省较早地选取农村基本公共服务均等化作为实施突破口，采取先行试点，逐步推广的方式，探索相对落后地区基本公共服务均等化实践的路径。

（一）湛江市实施农村基本公共服务均等化战略的基本做法

1. *以创建示范村形式遴选试点村*。2013 年 7 月，湛江市人民政府印发了《湛江市创建农村基本公共服务均等化示范村试点方案》（湛府 2013〔68〕号），该方案通过竞争方式选择 50 条自然村（实际为 51 条自然村），作为创建农村基本公共服务均等化示范村的试点村。2016 年 8 月，湛江市人民政府制定并实施《湛江市第二批创建农村基本公共服务均等化示范村工作方案》，在第一批创建农村基本公共服务均等化示范村的基础上，又增加 50 条示范村（本次示范村是以行政村为单位）作为试点村，遴选的试点村具体情况见表 4—9 所示。

表 4—9　湛江市创建农村基本公共服务均等化示范村情况表

单位:个

县（市、区）	第一批示范村	第二批示范村	备注
徐闻县	6	7	其中精准扶贫村至少 1 条
雷州市	10	9	其中精准扶贫村至少 3 条
遂溪县	7	7	其中精准扶贫村至少 3 条
廉江市	8	9	其中精准扶贫村至少 2 条
吴川市	7	7	其中精准扶贫村至少 2 条
赤坎区	2	1	
霞山区	1	1	
麻章区	3	2	
坡头区	5	3	
湛江开发区	2	2	
南三岛滨海旅游示范区	0	2	
合计	51	50	

值得注意的是，在 2013 年开展的创建基本公共服务均等化示范村是以自然村为单位，而 2016 年第二批创建农村基本公共服务均等化示范村是以行政村为主，兼顾人口较多的自然村，采取“村申请、镇（街）审查、县（市、区）筛选推荐、市审核确定”的做法确定。

2. 创建原则。在创建农村基本公共服务均等化示范村的实践过程中，坚持以下几项原则进行。

（1）政府为引领。该实施方案首先明确政府的责任，政府的责任是统筹、指导、推动，制定创建方案，明确创建目标，落实创建责任，加强创建督导，给予帮助扶持，抓好创建保障，确保创建工作有序推进、取得实效。

（2）农民为主体。该实施方案坚持农民主体，充分发挥本地农民的积极性和创造性，认为农民是创建示范村的承担者、创造者和决定者。广泛听取农民心声，深入了解农民需求，切实尊重农民意愿，以解决农民最关心、最迫切、最现实的利益问题为切入点，充分调动农民的积极性，让农民真正成为示范村创建的实践者和受益者。

（3）多方齐参与。各行各业各部门全力支持示范村创建活动，广泛凝聚社会力量，整合社会资源，多方协作联动，广开渠道，多元投入资金，共同推动示范村建设。

3. 示范村农村基本公共服务均等化的主要内容及标准。湛江市根据湛江市农村实际情况，有重点、有针对性地的选取基本公共服务的相关内容，并制定相应指标，在 2013 年《湛江市创建农村基本公共服务均等化示范村试点方案》中，采取列举的方式列举了示范村应在基本公共服务领域内，至少应具备的以下几个方面内容及其相应标准，具体情况如表 4—10 所示。

表 4—10　　湛江市农村基本公共服务均等化示范村基本公共服务的内容与标准表

序号	项目	标准	指导单位
1	村庄	村庄有规划	市交通运输局、市城市规划局、市民政局
		道路硬底化	
		公交通行并设有交通站点	
		村落地名标志建设清晰规范	
2	村场	村场干净、整洁，有垃圾收集和污水处理设施	市住房城乡建设局
		垃圾日产日清（户集、村收、镇转、县处理）	
		村级配备保洁队伍	
3	医疗	建设村级卫生室，面积不少于 60 平方米，至少配有 20 种常用医疗设备	市卫生局、市人力资源社会保障局
		完善村民健康档案	
		医疗保险全覆盖	

续表

序号	项目	标准	指导单位
4	饮水	饮用水源安全，符合国家饮用水卫生标准	市水务局
		自来水实现“户户通”	
5	集市	新建或改造升级农村农贸市场、百货商店（超市），满足村民基本生产生活用品购买需求	市经济和信息化局、市工商局、市物价局
		市场干净、硬底化，生熟食分区管理	
6	教育	有幼儿园，园舍及设备设施达标	市教育局
		学前三年毛入园率达到80%以上	
		确保农村孩子有学上、上得起学	
7	文体	电视、网络、电话全覆盖	市文广新局、市体育局
		设立村民文体活动场所，有适合村民（包括老年人）活动的场所设备配置	
		建立农村文化室，有农家书屋（有电子阅览室和图书室）	
		每月至少放一场电影（或送戏下乡）	
8	生态	水土保持好，没有违法违规开采开发现象	市民政局、市农业局、市环保局、市林业局、市畜牧兽医局
		推广测土配方施肥，减少农药化肥施用量，扶持无公害、绿色、有机农产品种植	
		建立村级农业服务站，做好动、植物疫病防控，农产品质量监管、农科培训及销售	
		殡葬要改革，移风易俗，火化率要达标，建立生态墓园	
9	社保	完善农村最低生活保障制度，新型农村社会养老保险全覆盖	市民政局、市人力资源社会保障局
		建立农村敬老院或开展居家养老服务，做到60岁以上孤寡老人都有人负责联系与服务	

续表

序号	项目	标准	指导单位
10	公共服务平台	成立村级基本公共服务中心，受村支部、村委会（村民小组）领导，配备3—5人，负责本方案项目内容的组织实施，重点开展社会保障、医疗计生等公共服务及日常村务服务	市委组织部、市民政局、市公安局、市人口计生局、市司法局、市人力资源社会保障局
		建立健全各项规章制度	
		有政策宣传橱窗、村务公开栏	

随着社会发展水平提高，以及国家和广东省推进基本公共服务均等化相关政策的出台，在2016年8月湛江市人民政府制定的《湛江市第二批创建农村基本公共服务均等化示范村工作方案》中，在总体上沿用第一批创建农村基本公共服务均等化示范村服务内容和标准的基础上，将部分项目内容更加具体化或标准相应提高，如在医疗卫生方面，提出“完善村民健康档案，电子建档率达到90%以上；适龄儿童免疫规划疫苗接种率达到90%以上；传染病报告率和报告及时率达到100%，突发公共卫生事件相关信息报告率达到100%”；在教育方面，在第一批方案相应标准的基础上，提出“学前三年毛入园率达到90%以上，小学适龄儿童入学率达100%，初中年辍学率控制在1.5%以下”；而在农村公共服务平台建设方面，明确提出要按照“五个统一”（机构人员统一、场所标准统一、流程内容统一、信息系统统一、经费保障统一）要求建立村公共服务站，有效整合现有各类基层公共服务平台场所、设备、人员、经费等资源，开展“一门式一网式”服务模式，将面向基层群众的公共服务事项全部纳入农村社区公共服务平台集中办理，实现“一站式”办理、“一条龙”服务。通过接入县（市、区）、镇（街）公共服务平台，实现基本公共服务网络城乡一体化，让“线上服务大厅”与“线下服务中心”无缝对接，为村民

提供更全面、更快捷、更高效的服务。

4. 经费保障。该实施方案中，在积极争取所需经费国家和省级投入的基础上，建立多元化投入机制，运用财政奖励（以奖代补）、竞争分配的方式供给。湛江市财政局按照每条示范村 50 万元的标准安排以奖代补资金，并要求各县（市、区）财政落实配套资金 10 万元，不足部分由各村自筹解决。

5. 领导与考核。为有效推进该方案的实施，2013 年 6 月成立湛江市创建农村基本公共服务均等化示范村试点工作领导小组，由一名副市长任组长，在第一批实施农村基本公共服务均等化实践时，该领导小组办公室设在湛江市民政局，负责日常工作；而在第二批农村基本公共服务均等化示范村创建过程中，该领导小组办公室设在市发展改革局。这种变化，体现了地方政府对基本公共服务均等化认识的深化，基本公共服务均等化首先是补短板，即解决雪中送炭问题，与民政部门的工作职责与内容有诸多交叉，于是，第一轮领导小组办公室设在民政局；但基本公共服务均等化的实施，实则关乎地方经济社会发展的各个方面，而且是地方党委和政府的重要工作任务，是一项战略性任务，因此，需要从整个地方全局来运筹布局，因此，将办公室置于市改革发展局，更有利于协调各部门关系，也更有利于进行政策引导和倾斜。

在组织实施方面，各相应主体的职责前后也有不同，在 2013 年第一批示范村创建方案中，将示范村所在乡镇政府（街道办事处）作为实施的第一责任人，各县（市、区）政府为实施的第二责任人。而在 2016 年第二批示范村创建方案中，将示范村所在县（市、区）政府（管委会）确定为实施的第一责任人，示范村所在乡镇政府（街道办事处）作为实施第二责任人。这种主体责任位序的变化，是根据实践中的经验进行的改革，因为实施该方案，需具备一定的决策能力和财政能力，而乡镇或街道在这两个方面均存在能力不足，因此，在第二轮创建实践中，将县（市、区）作为第一责任主体，有利于给予更充足的财政保障和政策支持。

（二）湛江市推进农村基本公共服务均等化实践的特点

根据上述分析，湛江市在推进农村基本公共均等化实践过程中，具有以下特点。

1. 政策执行性与地方决策性相结合。如前所述，湛江市推进农村基本公共服务均等化战略，是在国家和广东省出台相关政策之后的实践行动，在一定程度上，是为执行国家和省级相关政策的“执行性”行为，这种“执行性”不仅可以从国家、广东省和湛江市相关政策文件的出台时间顺序可以发现，而且，就各级相关政策的具体内容而言，湛江市的相关政策内容往往具有明显的“复制性”，而这种复制性也体现了地方贯彻中央和上级政策的过程。如2009年，在中央层面还没有出台相对具体的基本公共服务均等化内容体系的背景下，广东省根据国家相关宏观决策，结合广东省实际情况，特别是结合广东省提出的“建设幸福广东”的决策目标，率先制定了《广东省基本公共服务均等化规划纲要（2009—2020年）》，而湛江市2013年开展农村基本公共均等化示范村创建实践也正是在此政策的框架中进行的。但到2012年，国务院印发了《国家基本公共服务体系“十二五”规划》，该方案较为具体地列举了今后相当长一个时期基本公共服务的内容体系和阶段性目标，以及组织实施等要求，基于此，2013年，广东省对《广东省基本公共服务均等化规划纲要（2009—2020年）》的内容进行较大幅度的修编，进而将时间调整为2013—2020年。鉴于省决策进行调整，为更好贯彻《广东省基本公共服务均等化规划纲要（2009—2020年）》（2013年修编），2016年6月，湛江市人民政府下发实施《湛江市深入推进农村基本公共服务均等化工作方案（2016—2020年）》，该方案的主要内容是直接依据广东省的《纲要》而来，但突出了农村基本公共服务均等化的重心。从上述分析可以看出，基本公共服务的决策到执行，呈现较为明显的政策“执行性”特征。

当然，这也是我国单一制国家治理的一个重要特点。

与此同时，湛江市在执行上级政策的同时，也注意寻找自身的突破口和地方特色。如将农村作为基本公共服务均等化的突破口，这个突破口的选择，实则是“补短板”行为，既是基本公共服务均等化的应有之义，也体现了地方政府的工作重心和特色。另外，湛江市采取创建示范村的“试点”形式推进基本公共服务均等化，这也延续了我们改革的“先试点，再推广”的一般逻辑步骤，也是实践改革探索性的体现。这种探索性的实践，也充分体现了地方政府在决策和实践过程中的能动性，或者说也具有相当程度的“决策权能”，特别是对于地级市这一层级而言，一方面其决策受制于省级政策比较明显，但同时，依然享有一定的决策空间和决策权能，当然，这种决策权能往往是在中央和上级所允许的范围之内。另外，湛江市在第二轮示范村创建过程中，将之与当前的扶贫工作结合起来，无疑，具有整体通盘考虑。总体而言，对于基本公共服务均等化战略的实施而言，地方政府力图做到“规范动作”做到位，“自选动作”有创新。

2. 行政考评与财政激励相结合。建立相应的行政考评机制是促进决策执行的重要手段，也是当前我国公共管理过程中最为常见的手段。为更好地促进各级党委和政府推进基本公共服务均等化，调动各级积极性，必须辅之以一定的行政考评手段。在2013年第一批农村基本公共服务均等化示范村创建过程中，湛江市制定了详细的示范村考核标准，具体如表4—11所示。

表4—11　　湛江市农村基本公共服务均等化示范村考核标准表

项目	细项	分值	村庄得分
村容村貌（12分）	道路硬底化	3分	
	有交通站点	3分	
	垃圾回收处理	3分	
	污水处理	3分	

续表

项目	细项	分值	村庄得分
医疗卫生保险（9分）	村卫生站	3分	
	新农合保险覆盖	3分	
	养老保险覆盖	3分	
饮水（5分）	饮水工程	5分	
集贸（3分）	农贸市场与百货商店	3分	
公共教育（9分）	学前入园情况	3分	
	义务教育无辍学	3分	
	村教育帮扶情况	3分	
文化娱乐（9分）	社区文化及活动	3分	
	文体活动场地	3分	
	文物与保护	3分	
生态文明（12分）	水土保护	3分	
	有机种植推广	3分	
	农科与农业信息服务	3分	
	殡葬情况（生态墓园）	3分	
社区照顾（9分）	养老照顾服务	3分	
	特殊群体照顾	3分	
	留守群体关注	3分	
就业服务（6分）	就业信息服务	3分	
	支持创业与就业帮扶	3分	
公共服务平台（9分）	服务队伍情况	3分	
	可用的场地	3分	
	可用的设施资源	3分	
运营能力（12分）	自筹经费经验	3分	
	自筹经费能力	3分	
	档案管理与制度建设	3分	
	村干部队伍素质能力	3分	

续表

项目	细项	分值	村庄得分
村民自治（5 分）	村民自治参与度	5 分	
合计		100 分	

湛江市第一轮基本公共服务均等化示范村的考核主要采取行政考评方法进行，由县区级民政局组织实施，以行政考评结果为基础，进行资金“以奖代补”的奖励，如果考核不合格，将会停止下拨后续奖励资金。但在 2015 年后，广东省制定了《广东省基本公共服务均等化绩效考评办法（试行）》，基于此，2015 年，湛江市制定了《湛江市基本公共服务均等化绩效考评办法》，该《办法》中制定了详细的基本公共服务均等化绩效考核指标体系和自评程序和规范。值得注意的是，广东省和湛江市的《绩效考核办法》均是由省财政厅和市财政局印发实施的，从考核的内容来看，考核主要根据相应的指标目标进行绩效考核，在绩效效果的基础上进行财政奖励；从考核形式来看，将单位自评作为重要环节，以自评为主。特别是绩效考核，更具有奖励性质。

从整体上而言，湛江市对于基本公共服务均等化战略，有目标、有考核、有激励。为取得更好的实践效果，行政考评和财政激励两种手段都发挥重要作用，但设定目标，根据绩效进行奖励性驱动，已经成为各级政府推进基本公共服务均等化的重要策略。

3. *层级推进与条块协作相结合*。我国政策的执行往往是通过较为典型的科层制逻辑，按照行政层级进行逐级推进的。前述对国家—省—湛江市在制定基本公共服务均等化相关政策时，已经较为明显地体现了从上至下的层级推进特点。在湛江市推行《湛江市创建农村基本公共服务均等化示范村试点方案》的实践中，湛江市下辖各县（市、区）也都制定了相应的实施方案，如在 2013 年 9 月，湛江市下辖的廉江市人民政府下发了《廉江市创建农村基本公共服务均等化示范村试点方案》（廉府 2013〔47〕号），尽管该

《方案》在内容上多是对湛江市《方案》的模仿和具体化，但此种“复制性”的决策，也体现了地方政府对该决策的重视，更有利于政策的执行。也正是在各级政策的层层落实中，逐级推进政策实施的有效路径。

“条块”分割问题是当前我国公共管理实践中存在的比较突出的问题，但基本公共服务均等化战略实施，离不开条块合作，为了避免“条块分割”，达到条块合作的目的，为推进某一领域工作时，往往会建立临时性的协调机构，成立相应的领导小组，湛江市为推进农村基本公共服务均等化，也不例外，成立了创建农村基本公共服务均等化示范村领导小组，并由一名副市长兼任组长，从而使其具备一定的协调能力和动员能力。为配合该《湛江市创建农村基本公共服务均等化示范村试点方案》的实施，湛江市农业局2013年下发了《湛江市建立示范村农业服务站实施方案》的通知，要求各试点村按照《方案》要求，建立农业服务站，并制定了详尽的设施和人员配置指导标准，以及农业服务站详细的服务内容。

“条条”分割也是我国政策执行过程中存在的比较明显的弊端，各个部门依据自身的职责权限和业务范围，往往设定自身相对合理的政策目标、政策逻辑与行为逻辑，但这与其他部门并不一定相协调一致。但各个部门所面对的对象和社会问题却可能是相关的，甚至是同一对象。基本公共服务均等化内容涉及多个领域，隶属于不同的行政主管部门，每个部门按照既定传统的管理和服务，也在不断推进本部门负责领域的建设，但呈现“分兵突进”的状态，往往难以形成合力，而且往往会造成投入的浪费，甚至部门与部门间的内耗。为了解决此类问题，湛江市在推进农村基本公共服务均等化的过程中，要求试点村要做好与国家和省市既有政策文件的衔接，特别是将《湛江市创建农村基本公共服务均等化示范村试点方案》同湛江市已有文件《湛江市2013年度村村通自来水工程建设民生实事实施方案》《中共湛江市委、湛江市人民政府关于建设城乡协调生态文明的科学发展试点市的决定》《湛江市城乡生活垃圾处理工作实施方案》《农村计划生育服务机构基础设施建设标准》《湛江市委关于贯彻〈广东省建设文化强省规划纲要(2011—2020年)〉的实施意见》等的对接和关系处理。因为上述各种方案中，其要达到的目标往往也是基本公共服务均等化的重要目标，更为重要的是，各类部门性的工作方案，往往有相应的财政资金做保障。因此，应将各个部门的人力、财力和物力整合起来，建立各部门间的良性协作机制，发挥各部门的最大合力效果。

四 实施农村基本公共服务均等化战略的路径

上述已言，湛江市在推进基本公共服务均等化过程中，存在诸多问题，面临着多样困难；但从本世纪初以来，湛江结合当前我国国家宏观形势和湛江市具体实际情况，也在积极地推进基本公共服务均等化，取得了一定的效果。笔者认为，从宏观上而言，推进基本公共服务均等化战略的实施，应该确立相对合理的具体目标与实施战略步骤，有步骤有计划地逐步推进基本公共服务均等化战略实施。

（一）基本公共服务均等化战略的目标确立与实施步骤

当前湛江市实施基本公共服务均等化战略，不仅面临着居民消费和服务短缺的现实，更面临着当前服务供给的制度和体制障碍。选择和确定湛江市基本公共服务均等化的目标至关重要，目标确定的高了，实现不了，可能导致战略失败；目标确定低了，居民享受的服务水平低下，满足不了居民需求。湛江市实施基本公共服务均等化的目标可以从以下三个方面进行考虑。

1. 服务对象的“广覆盖”。既然是“基本”公共服务，意味着此公共服务产品对居民生活的重要性，具有较强的不可或缺性，或者是居民生活的必需品，此服务或产品对于居民基本生活至关重要。对于此种服务产品，是人人都需要，人人都应享有的。因而，其首要追求的目标应该是“广覆盖”，最大范围内，最大程度地实现人人都享有、人人都受惠。其突出的特征在于“广”的要求，对服务对象而言，就是要做到尽量全面覆盖，按照“应服务尽服务”的原则提供基本公共服务，尽量减少遗漏对象或群体。

基本公共服务的“广覆盖”是要将基本公共服务覆盖到全体民众而无遗漏，这是基本公共服务均等化最为基本的要求，也是最低层次的要求。广覆盖，首先要求服务对象的全覆盖；其次，要求服务内容的“全面”，关乎民众基本生存和生活的均应涵盖。做好这一工作的关键在于服务对象的覆盖面要“广”和基本公共服务内容的“全面”。此时基本公共服务的提供，在供给制度上体现多元化、差异化的特点，基本公共服务从量和质上来说，都可以存在差别。

2. 服务体制的“一体化”。基本公共服务均等化战略目标实现的一个重要困境就在于基本公共服务供给的城乡不均衡和地区不均衡，而这种不均衡的背后深层原因是供给体制和机制的二元化和分割化。要想实现基本公共服务均等化，在公共服务供给体制机制上一定要“一体化”，最为重要的就是“城乡一体化”。基本公共服务“一体化”的目标，既有服务设施的一体化的要求，也有服务供给制度和方式的一体化，其重点在于打破城乡分割和地区分割。

此步骤要求构建面向全体国民、城乡一体化的基本公共服务供给体制机制。因基本公共服务的提供主体是政府（包含直接提供和间接提供），因而，实现基本公共服务的一体化，政府功能与角色发挥着重要作用，特别是在我国当前以行政区划为基本公共服务提供单元的背景下，要想实现基本公共服务供给的一体化，政府主导与强力推进至关重要。基本公共服务的一体化，在制度上要求是统一的、相互衔接协调的，但所提供的服务产品的量可以是有差别的，或者说此步骤关键在于实现基本公共服务供给制度和方式的统一，但居民所实际享受到的服务的“质”与“量”并不一定均等。

3. 服务水准的“均等化”。基本公共服务均等化战略，最终的目标在于实现“均等化”，均等化就是针对当前基本公共服务供给中非均等化的现实而言的，是对基本公共服务供给的一种“质”的要求，不仅要人人享有同样的公共服务种类，而且要求所享有的服务在量上做到“均等”。这里的均等，既有在“量”上的绝对相等之意义，也有差别性的实质性均等的含义，即让处于最不利地位的人获得特殊性服务补充而感觉到、享受到均等化。

这一步骤是基本公共服务均等化战略的最终目标。此步骤要求消除人们在基本公共服务资源占有、服务设施、服务条件、服务能力和服务水平的既有差距，确保人们平等地享有基本公共服务，确保人们不因职业不同、地点的不同以及身份的不同而享有不同的基本公共服务。即实现人民所享有基本公共服务均等化“质”的公正与“量”的相对平等。此阶段所提供的基本公共服务的突出特点就在于“同一制度、同一标准和相同的待遇”。

基本公共服务的“广覆盖”“一体化”和“均等化”是相互联系的三个方面。“广覆盖”和“一体化”是实现“均等化”的基本要求，也是“均等化”的重要内容。因此，推进基本公共服务的“广覆盖”及“一体化”也是在同步推进“均等化”，所以，三者并非绝然分开，而是在实施过程中，不同的阶段其侧重点不同。

（二）湛江市实施基本公共服务均等化的财政保障

实施基本公共服务均等化战略，公共财政是基本保障和前提。在一定意义上，公共财政的充裕程度在很大程度上决定了一个地区公共服务的水平（尽管不是唯一决定因素），基本公共服务均等化关乎财政需求和财政供给能力两个方面，满足公共财政需求，一方面直接受制于各地公共财政来源总量及供给能力；一方面直接受制于各地区公共财政的分配方式及分配重点。这里对几项重要的基本公共服务均等化目标实现的财政需求及财政供给保障能力与可能性进行分析。

1. 义务教育均等化的财政需求与保障可能。从世界范围内来看，目前世界公共教育投入占各国GDP的平均水平为7%左右，其中发达国家达到了9%左右，经济欠发达的国家也达到了4.1%左右。而我国从整体上而言，从2012年开始，我国连续4年国家财政性教育经费支出占国内生产总值比例超过4%，特别是2015年全国教育经费总投入为36129.19亿元，其中国家财政性教育经费为29221.45亿元，占国内生产总值比例为4.26%，但该比例依然属于世界经济欠发达国家的水平。

笔者根据2016年全国年鉴和2016年广东省年鉴，将全国、广东省、湛江市三个地区的教育支出、GDP以及财政支出[①]情况进行统计如表4—12所示。

表4—12　　2016年全国、广东省及湛江市教育财政支出情况表

单位：亿元

地区	GDP	财政支出	教育支出	教育支出占GDP比例（%）	教育支出占财政支出比例（%）
全国	682635.1	175877.77	29221.45	4.28	16.61
广东	72812.55	12827.80	2040.65	2.80	15.91
湛江	2380.02	412.36	99.67	4.19	24.17

从上表中我们清晰地看出，不论是我国，还是广东省的教育支出占GDP的比例处于经济欠发达国家水平，远远低于世界平均水平。从教育支出占财政支出的比例上看，尽管我国近年来财政教育支出（指财政性教育经费支出中的公共财政预算部分）占财政支出的比重有了较大提高，甚至教育已成为我国公共财政的第一大支

① 因考虑到赤字财政问题，笔者这里采取教育支出/财政支出的比例来考察衡量教育费用水平，而非采用教育支出/财政收入的方式来考察。

出项目，但这一比例仍略低于美国，当然，高于法国、日本、德国等许多发达国家[①]。从教育支出占 GDP 的比例来看，广东省和湛江市具有进一步提高教育支出占 GDP 比例的空间和可能，也就是说，GDP 的总量为推进教育服务均等化提供了基础保障，特别是广东省就全省而言，更具有较大的提升空间。

值得注意的是不论是全国、广东省还是湛江市，教育支出占财政支出的比例均比较高，特别是湛江市，达到 24.17%，这一方面说明教育支出在财政支出的比例中已经很高；另一方面说明教育支出属于一种刚性支出，此种刚性支出源于教育需求的刚性。面对此种现状，若想继续提高教育支出在财政支出的比例，必须要优化财政支出结构。

2. 社会保障均等化的财政需求与保障可能。在世界范围内，各国社会保障支出有很大差异，但社会保障和福利支出通常占财政总支出及 GDP 总值的 10%—20%，部分高收入国家达到 20%—30%，但一般发达国家多处于 15% 以上。根据 2016 年全国年鉴和广东省年鉴相关数据，全国、广东省以及湛江市社会保障支出基本情况如表 4—13 所示。

表 4—13 2016 年全国、广东省及湛江市社会保障支出情况表

单位：亿元

地区	GDP	财政支出	社会保障和就业支出	社会保障和就业支出占 GDP 比例（%）	社会保障和就业支出占财政支出比例（%）
全国	682635.1	175877.77	19018.69	2.79	10.81
广东	72812.55	12827.80	1064.91	1.46	8.30
湛江	2380.02	412.36	57.68	2.42	13.99

从上表可以看出，当前我国在社会保障和就业方面的财政支出

① 当然，各个国家财政支出的统计口径存在差别，所以，这里的比较只具有参考意义，不具备严格意义。

不论是其所占 GDP 的比重，还是其所占财政支出的比重，都严重偏低，这充分说明我国社会保障和就业保障水平十分低下，特别是广东省和湛江市，社会保障和就业的财政支出占 GDP 的水平远远低于全国平均水平。就社会保障和就业支出占财政支出的比重而言，湛江市虽然高于全国平均水平，但与《劳动和社会保障事业发展第十个五年计划纲要》中提出的“逐步将社会保障支出占财政支出的比重提高到 15%—20%”的目标依然存在较大差距。这也恰恰说明，从 GDP 的总量和财政支出的总量来看，湛江市依然存在提高社会保障和就业财政支出的空间。

3. 基本医疗和公共卫生均等化的财政需求与保障可能。基本医疗和公共卫生是基本公共服务的重要组成部分，笔者根据世界银行统计数据①，选取了几个具有代表性国家，对其 2014 年的基本医疗和公共卫生支出占其 GDP 的比例进行统计，具体情况如表 4—14 所示。

表 4—14 2014 年世界部分国家基本医疗和公共卫生支出占 GDP 比例表

国家	占 GDP 的比例（%）	国家收入类型	占 GDP 的比例（%）
中国	5.5	最不发达国家	4.8
日本	10.2	低收入国家	5.7
法国	11.5	中低等收入国家	4.5
英国	9.1	中等收入国家	5.8
美国	17.1	中高等收入国家	6.2
巴西	8.3	高收入国家	12.3
挪威	9.7	世界平均水平	9.9
澳大利亚	9.4		
印度	4.7		

① 因该数据来源中最新年份的数据为 2014 年数据，所以，这里采用的数据为 2014 年数据，http://data.worldbank.org.cn/indicator/SH.XPD.TOTL.ZS/countries?order=wbapi_data_value_2012+wbapi_data_value+wbapi_data_value-last&sort=asc.

从上表统计数据可以看出，一般说来，基本医疗和公共卫生所占 GDP 的比例与一个国家的财政收入水平成正比关系①，而我国 2012 年基本医疗和公共卫生财政支出占 GDP 的比重仅仅是 5.5%，处于最不发达和低收入国家的水平，甚至世界的平均水平也是我们的近两倍。就具体的国家比较而言，我国的基本医疗和公共卫生支出占 GDP 的比重远远低于欧美发达国家，甚至低于其他一般发展中国家，美国甚至是我们的三倍。这充分说明与世界其他国家横向比较，我们的基本医疗和公共卫生支出情况存在较大差距。

而就我国国内情况而言，根据 2016 年中国统计年鉴和 2016 年湛江市统计年鉴的相关数据，2016 年全国和各地区的医疗卫生支出占 GDP 的比例基本情况如表 4—15② 所示。

表 4—15　2016 年全国和各地区的医疗卫生支出占 GDP 的比例情况表

单位：亿元

地区	GDP	财政支出	医疗卫生支出	医疗卫生支出占 GDP 比例（%）	医疗卫生支出占财政支出比例（%）
全国	682635.1	175877.77	11953.18	1.75	6.80
广东	72812.55	12827.80	918.36	1.26	7.16
湛江	2380.02	412.36	53.94	2.27	13.08

从上表可以看出，不仅我国用于基本医疗和公共卫生的财政支出占 GDP 的比例远远低于世界平均水平，与发达国家的差距更大；但就医疗卫生支出占财政支出的比例而言，广东省和湛江市的所占

① 唯一例外的是中低等收入国家的比例低于低收入、最不发达国家的比例。对此种现象要进行具体数据分析。

② 此数据来源于 2013 年中国统计年鉴和 2013 年湛江市国民经济发展公报，二者均使用的是“医疗卫生”来表达此项支出。此处的“医疗卫生”和上述世界银行统计中的“基本医疗和公共卫生”所使用的统计口径可能存在差异，因而导致前后两个数据出现较大差异，但也都能较好地分析和说明该问题。

比例均高于全国平均水平。从而说明，从世界发展趋势来看，居民增加用于医疗卫生的支出是必然趋势，居民在此领域的需求不断增强，从我国的GDP总量来说，也应该加大医疗卫生领域的支出比重。值得注意的一个问题是，如果从医疗卫生支出占财政总支出的比例来看，且单单就国内而言，广东省和湛江市的所占比例均超过全国平均水平。这可以说明，广东省、湛江市与全国其他地区相比较而言，地方政府已经投入了相当多的财政资金到此领域，特别是湛江市的医疗卫生支出在2016年已经占到财政总支出的13.08%。当然，此种情况出现，与湛江市财政总量及基本公共服务的刚需性有很大关系。

4. 公共文化均等化财政需求与保障可能。公共文化也是居民的基本需求之一，公共文化的均等化，也是基本公共服务均等化的重要内容。虽然国家在多种不同场合强调文化事业投入的“增加幅度不低于财政收入的增长幅度”，但实际上不论是全国，还是广东省和湛江市用于公共文化的投入，其投入增长速度近年来均远低于财政收入的增长幅度。例如，从2006年到2015年10年中，不论是全国还是广东省的财政收入增长速度一直在10%以上，而公共文化的投入，一直处于较低水平。2005年，全国财政总支出达到495.22亿元，但中央和地方文化事业费投入在各自财政总支出中的比例仍然较低，中央财政2005年的文化事业费只占其整个支出的0.39%；事实上，“九五”以后，文化事业基本建设投资在全国基建投资总额中所占的比重一直不超过0.2%，而此前的八个五年计划中，这个比例都在0.2%以上（三年调整期间除外），高的时候达到过0.75%（“六五”时期）或0.60%（1985年）[①]。而在2015年，全国文化体育及传媒财政支出3076.64亿元，占总财政支出175877.77亿元的1.75%。《2012年中国公共文化服务发展

① 公共文化服务报告：中国公共文化投入规模不足，http://www.china.com.cn/news/2007/12/17/content_9390843.htm.

报告》显示，2012 年，国内多数省区市的公共文化投入总量少、比重低，公共文化服务人均投入和人均文化事业费普遍“不及格”。这表明政府应该将更多的资金投入该领域，且存在很大的提升和发展空间。当然，《2012 年中国公共文化服务发展报告》显示，我国公共文化服务综合指数总量的前 3 位，分别为广东、江苏、浙江。① 但在 2015 年，广东省用于文化体育及传媒财政支出 194.58 亿元，占财政总支出 12827.80 亿元的 1.52%，依然低于全国平均水平。可见，尽管广东省的公共文化服务综合指数位于全国前列，但其财政投入占该地区财政支出的比例，仍远远低于社会发展规划目标，难以适应社会发展需要和人们生活需求。

总之，不论是从国际比较的角度上看，还是从我国国民经济发展状况，特别是我国 GDP 的增长以及国家财政收入增长速度及总量来看，我们都有足够的财政基础为提升基本公共服务水平提供资金保障。

（三）湛江市实施基本公共服务均等化战略的制度保障

基本公共服务均等化战略决策的实施，最终依托于一系列制度的创新与改革，依赖于公共服务供给体制机制的完善，至少要在以下几个方面进行制度改革与创新②。

1. 进一步加大基本公共服务的财政投入。公共服务的前提和根本保证是公共财政，解决基本公共服务不足根本上是要将公共财政更多的财政资金投入基本公共服务领域。从上述分析看出，我国当前基本公共服务项目所占 GDP，或财政支出的比例远远低于发达国家，甚至其水平处于中低收入国家行列，就其支出所占 GDP 比例而言，GDP 总量的庞大，为更多的财政资金投入基本公共服务领域提供了一个基本可能；基本公共服务的财政支出在很多国

---

① 25 个省份公共文化人均投入“不及格”，http：//leaders. people. com. cn/n/2013/0503/c58278—21349682. html.

② 有些制度的创新与改革并非湛江市一个地方政府所能完成的，需要在全国范围内从中央到地方的全方位改革。

家，包括发达国家，教育、医疗卫生、社会保障和公共文化这四大块的投入，占总财政支出的50%左右，而我国地方政府在此四个领域投入的总支出目前还远远没有达到此标准。

要想加大对基本公共服务领域的财政投入，至少需要从两个方面提供保障：一是财政收入的增加，而财政收入增加与GDP的增长有着重要关系，因而，“做大蛋糕”是其前提。既需要做大GDP的总量，当前更重要的是提高GDP的财政贡献效率，转变经济增长方式，提高经济发展效益，让单位GDP发挥更大的财政贡献率；二是优化财政支出的分配格局，在预算财政总支出总量一定的情况下，如何分配使用财政资金就显得至关重要，就是如何“分蛋糕”的问题。从上述统计数据和分析中看出，目前各级政府或地区，如何分蛋糕的策略各不相同，但有一个现象值得注意，越是经济发展相对较慢，财政收入较为紧缺的地方，其用于基本公共服务财政量占财政总支出量的比例反而相对较高。如何解释这种现象？其一，说明基本公共服务是财政支出中的刚需部分，这种刚需的程度迫使各级政府不得不投入相当比例的财政到此领域；其二，基本公共服务的提供在标准和人数一定的情况下，其需要的财政也相对固定；其三，越是经济社会条件比较落后的地方，越是需要基本公共服务的惠及，经济社会发展比较落后，这种基本生活保障所需更为凸显，对于这些关乎民生与民众基本生存的支出项目，各级政府不得不支出。

2. 合理分摊基本公共服务的责任与成本。当前我国的财政体制是中央和地方分开的双重财政体制，财政的中央与地方分离，理论上意味着事权和责任的相对分离，因为财政是行政事权的基本保障。在地方政府中，也存在着各级政府财政占有与行政事权之间的分配问题。笔者仅提出以下几个需要注意的基本原则及做法：第一，权责匹配。各级政府所负担的基本公共服务的责任要与其所具有行政权能相适应。特别是要考虑公共服务提供的地域性特点，合理确定基本公共服务提供的最佳主体；同时，确保各级政府有足够的行政权能以有效地实施其行为。第二，财责匹配。关键是要做到各级政府有足够的财政实力来提供基本公共服务，使其财政能力与基本公共服务的责任相适应。第三，公平与效率兼顾。基本公共服务的供给，在目标的设定上是以公平价值为主导的，但在公平提供公共服务的同时，也要考虑基本公共服务供给的成本及效率，而这种供给效率与供给主体的分工及供给机制有着直接关系，不同的供给主体，或不同层级的供给主体，其供给效率可能差别很大。第四，处理好中央与地方权能关系。要做到中央事权与财政相匹配，地方事权与其财政相匹配，但同时要充分考虑对于一项基本公共服务项目而言，谁（哪个主体）供给效率最高的选择问题。当财权与事权不匹配的时候，有可能造成供给服务效率低下或成本上升，一般要么采取财权与事权的重新分配，要么采取政府间财政转移支付的方式进行。到底什么时候采取前者，什么时候采取后者，关键还是看什么方式能保证基本公共服务项目的供给最优化，最符合公平和效率原则。

3. 建立均衡导向的财政投入和保障机制。基本公共服务均等化的实现，财政保障是基础，要想实现基本公共服务均等化，必须要建立均衡导向的财政投入和保障机制。主要包括以下几个方面内容：第一，各级政府（含中央政府与地方政府）间合理财政税收权限的划分，要坚持两个基本原则：一是权责匹配；二是公平与效率兼顾。而这其中的关键在于建立合理的分税体制。第二，各级政府的财政支出向基本公共服务领域和项目倾斜。在一些发达国家，经济建设费是相对较少，行政管理费也是要尽量压缩的。我国应大幅度压缩行政成本，减少直接经济领域的财政投入，加大对基本公共服务领域的投入。第三，创新基本公共服务财政的供给、使用制度和机制，发挥公共财政的最大财政功能。确保资金使用效益最高至关重要，“好钢用在刀刃上”的同时，要让有限的财政资金发挥金融融资功能，提高财政资金利用效率。第四，积极创新多种投融资体制，鼓励社会资金进入基本公共服务领域。第五，优化财政转移支付制度。财政转移支付的目的是要解决地方政府权责不匹配问题，而财政转移支付一定要科学，同时要调动地方政府的积极性和能动性，防止“会哭的孩子有奶吃”现象。

4. 强化财政投入的公开与监督体制。现代财政制度要求财政支出使用公开，以接受社会的监督，其主要途径就是预算公开。要从以下几个方面强化对基本公共服务财政投入及使用的监督：第一，完善财政预算制度，主要是完善财政预算项目明细，要发挥预算的“硬”约束作用，项目列支必须要细；第二，财政投入和使用的公开方式和渠道要合理，以便公众知晓明白；第三，基本公共服务领域的财政预算及使用要更多吸收服务对象参与讨论，避免出现“出力不讨好”现象；第四，加强对财政投入及使用的过程监督；第五，建立财政资金使用的事后追责与纠错机制，对其使用过程的违法、违规行为必须建立惩处约束机制，对财政使用不达目标的要建立纠错补救机制。

5. 改革和完善公共服务的生产和供给体制。如何提供公共服务，各个国家采取的供给途径和方式也多有不同。公共服务的具体提供或供给方式，如果从市场交换或付费的机制上来讲，实际也就是公共服务的付费机制，主要存在以下几种不同的形式，可用图4—2进行表示。

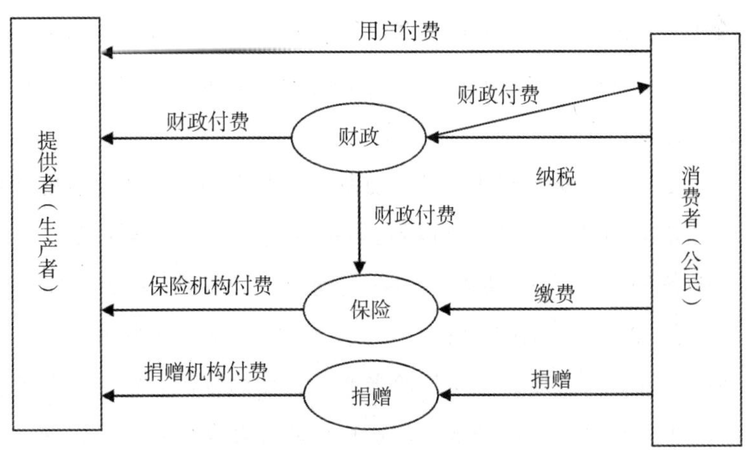

图4—2　公共服务付费机制示意图

可见，在公共服务供给与消费过程中，消费者与提供者之间有着多样化的关系，在当前世界上其他国家的公共服务供给中，也创新了很多供给形式，比如美国针对不同类型的公共服务，采取不同的服务方式或服务方式的组合，包括直接生产（Direct Production）、签约外包（Contracting）、特许经营（Franchises）、代用券（Vouchers）、合作生产等不同的方式。

值得注意的是，各国加强政府对基本公共服务供给责任是一种客观要求和必然趋势，但同时必须注意“大政府”的危害。如过度的国家化和集中化必然导致国家资源的集中，政府权力扩张和垄断；国家过度包揽公共服务不仅成本高昂、不经济，也缺乏经济上的可持续性；国家权力扩张会挤压市场和社会，损害市场竞争，不利于社会的自主性和自立性；国家资源的集中和集权化为寻租和腐败提供了机会和空间；中国在缺乏健全的民主制度和稳定的市场体制的条件下，政府集中化和集权化更加危险。面对上述风险和弊端，一种可行的和必要的选择是：在基本公共服务供给领域，凡是社会和市场能够做或愿意做的事，而且能够做好的事情，就应由社会和市场去做，政府不要管；凡是社会和市场不能做或不愿意做的事，就应由政府去做；凡是需要政府去做的事，政府也要考虑如何调动社会和民间力量，支持和鼓励社会组织参与；凡是政府不得不做、不得不管的事，政府也要考虑如何运用市场和法律来管，更经济、更有效。

同时，我们要深刻认识到当前基本公共服务供给中存在的几种发展趋势：（1）公共服务市场化。主要包含三层含义：第一，将公共服务的决策和公共服务的执行分开，政府更多是掌舵（决策），而不是划桨（执行）；第二，存在多个公共服务供给者，打破原有的行政性垄断，多个供给者竞争，共同发展；第三，公共服务的消费者有在多元供给者之间选择的权利和用以选择的资源。当然，公共服务市场化也存在诸多风险：第一，效率与公正的冲突；第二，公共安全方面的问题；第三，可能会引发私营部门的垄断；

第四，可能会带来腐败。(2) 公共服务社会化。包括非营利组织的供给、社区的供给、自愿供给等不同形式。(3) 公共服务分权化。主张地方政府在公共服务生产和提供中扮演更多角色，而不是单纯的直接提供者。总之，我们应根据具体实际情况，采取合理有效的公共服务供给方式，以最有效的方式最大限度满足居民需求。

6. 积极推进“条”“块”联动与“政策”协调。在公共管理和服务过程中，“条块”现象是一比较明显的实践现象，“条”是以工作内容和业务领域为界限进行划分的结果，在实践中体现为基于“条”建立起来的“部门”，每个部门往往从中央到地方，都有着自己的延伸；同时，我们实行层级化的管理，每一层级相对而言就是一“块”，在此“块”上，集合了若干“条”的延伸部门。“条块”关系包括“条”与“块”关系、“条”与“条”关系和“块”与“块”的关系。在“条”与“块”的关系上，尽管在“块”上聚合的“条”的部门一般隶属于“块”，并且一般服从“块”的领导，但同时一般接受上级主管部门的领导。而且，每一个“条条”，都有着自身的权能职责，都有着自身的工作内容及其相应的财政预算，而且，近年来各个“条”的财政行动能力有着明显的提升，或者说越来越多的财政资源是通过“条”的形式延伸到基层的。但基本公共服务均等化战略的实施，是一项涉及社会多领域任务，为推进该项工作，各级党委和政府，即各层级的“块”都制定了单独性的实施方案，即该项工作的推进主体是在“块”上，但又离不开“条”的力量，所以，应该加强“条块”间的联动与协作，形成“条”与“块”一盘棋。就“条”与“条”关系而言，要防止各“条”的“占地盘”思维，要以服务内容流程为依据，进行服务内容业务整合，近年来的大体制改革，正是朝着此方向努力。在基本公共服务供给过程中，“块”与“块”的关系也至关重要，因为有些基本公共服务项目和内容的供给，有其最佳服务半径或范围，为合理地平衡基本公共服务供给的效率与公平，有些基本公共服务内容的提供需要打破“块”的区域界限，根据实际需要进行配置。

在“块”的内部，也要注意政策的统筹性和协调性。当前，很多地方为了推进某一领域的工作，往往会出台一个具体性的政策或方案，而这些领域往往都是基本公共服务领域的重要内容，因此，在推进基本公共服务“一揽子”战略时，要将单个性的政策整合起来，增强各政策间的协调性。如前述的湛江市在实施《湛江市创建农村基本公共服务均等化示范村试点方案》过程中，要求同湛江市已有的《湛江市 2013 年度村村通自来水工程建设民生实事实施方案》、《中共湛江市委、湛江市人民政府关于建设城乡协调生态文明的科学发展试点市的决定》、《湛江市城乡生活垃圾处理工作实施方案》、《农村计划生育服务机构基础设施建设标准》、《湛江市委关于贯彻〈广东省建设文化强省规划纲要（2011—2020 年）〉的实施意见》等政策的执行结合起来，发挥政策合力。

第五章　农村公共服务平台服务内容体系

推进基本公共服务均等化是一复杂社会工程，也是一项长期而艰巨的任务。基本公共服务均等化的根本性目标在于实现居民享有基本公共服务的普遍性、平等性，实践中的最终形式，是基本公共服务下沉到基层被居民直接、便利地享有。推进基本公共服务均等化需要全社会、多部门合作，共同努力；也需要分步骤、有计划地推进。但笔者认为，首先必须有一个综合性的公共服务承接平台，来承接或提供各类基本公共服务，或者说基本公共服务均等化的突破口在于综合性公共服务平台的建设。

一　农村公共服务平台建设现状及功能定位

对该类综合服务平台的设置，近年来各地有着多种形式的探索，但很多地方在探索建设各级公共服务平台的实践过程中，对类似综合性公共服务平台的名称各异，如“公共服务中心/站”、“社区工作中心/站”、“社区服务中心/站”、“综合服务中心/站”、“家庭综合服务中心”、“社会工作中心/站”等。上述称谓就层级而言，一般多将乡镇或街道层级设置的服务机构称为“中心”，将行政村（个别地方包括自然村）或社区层级设置的服务机构称为“站”，但也有个别地方例外。就性质或功能定位而言，总体上可以分为三大类：一类将该类机构定位为提供政务性的公共服务机构，主要承接政府下沉的基本公共管理和服务职能，其工作经费主要来源于财政划拨或政府购买服务；二类定位为乡镇/街道和村/社区层级提供综合性、日常生活性的社区性服务，甚至包括提供便民利民等市场化的服务项目，其主要经费来源于政府购买服务或自营收入；三类是由专门的社会组织（如社工机构等）围绕某一领域在乡镇/街道和村/社区层面开展的专业性服务，其经费来源也主要来源于政府购买服务及社会捐赠等渠道。当然，随着社会发展，服务型政府的转型，特别是政府和社会的合作日益加深，国家也积极鼓励社会力量参与到基本公共服务供给过程中，上述三种类型之间的边界变得日益模糊和动态化，这也是造成当前各类平台机构名称混乱的重要原因。

本研究的对象是农村基本公共服务平台的服务规范及其设施标准问题，基于我国乡村基本公共服务设施配置的实施单元和层级大部分地区可以分为乡/镇①—行政村②—自然村三个层次三种实施单元。另考虑到综合公共服务平台的功能、服务半径、服务密度等因素，本研究认为，在层级上，将乡/镇层级设置建设的综合性公共服务平台称之为“公共服务中心”，将行政村/社区层级设置的建设综合性公共服务平台称之为“公共服务站”。在平台性质和功能定位上，目前定位于上述中的第一类，即作为承接政府下沉的基本公共服务的平台，主要提供“公共性”的服务。当然，随着社会发展，我们可以预见在不久的未来，社会力量不断强大而且规范有序发展的时候，其会承接更多的之前由政府提供的服务功能，政府和社会之间的合作更加加强，互动更加和谐，所以，未来的趋势是第一类和第二类平台间的界限日益模糊，二者之间日益融合，届时，可以称之为“综合服务中心/站”。但基于当前发展阶段，本

① 也包括部分地区存在的街道办事处。

② 当前，我国部分地区存在乡镇下设置社区情况，特别是在一些地方推进“村”改“居”的实践过程中，农村乡镇下设置社区现象也日益增多，因此，在没有特殊说明情况下，为表述简洁需要，行政村的外延中包含社区这一对象。

研究将重心置于提供政务性公共服务平台的服务项目规范和设施配置标准的研究中，因此，在后续研究中，将乡镇/街道层级设置的公共服务平台称为“公共服务中心站”，将行政村[①]/社区层级设置的公共服务平台称为“公共服务站”，此处也主要围绕二者的服务规范和设施标准进行研究。

二　农村公共服务平台建设的必要性

以农村公共服务平台建设为基本抓手或突破口来推动基本公共服务均等化战略实施，是由整个社会发展趋势和当前我国基本公共服务供给现状决定的。

1. 当前基本公共服务供给现状凸显农村公共服务平台建设的紧迫性。目前，不少地区，特别是在一些经济社会发展相对落后的地区，社区、行政村的公共服务平台工作建设还没有全面启动，服务项目少，在农村地区尤为明显；另外，当前基本公共服务下沉到基层，往往是以行政部门“条条”延伸的方式下沉，基本公共服务的整体性、科学性、协调性等无从谈起，严重制约着基本公共服务的效果和质量，也给居民生活带来了不便。特别是对于类似于湛江市这样相对落后地区，基本公共服务诸多领域的财政支出不论是其占 GDP 的比例，还是其占财政支出的比例，都低于全国平均水平，这要求应将更多财政用于基本公共服务领域，并进一步优化公共服务供给。而各级基本公共服务平台是承载各类基本公共服务的重要平台，能够实现公共服务的集中式、整合式供给，有利于公共服务供给流程优化，提高公共服务供给效率。因此，面对基本公共服务的短缺，特别是公共服务中心/站的配置几乎空白的状态下，农村基本公共服务平台的建设，是提高农村基本公共服务水平的重

① 个别地区可根据服务人口规模、服务半径等因素的具体情况，在有必要的情况下，自然村也可设置公共服务站。

要途径。

2. 农村公共服务平台建设是社会发展的基本趋势。随着我国社会结构的转型，单位制逐渐被打破，原有的单位管理模式趋于失效。“单位人”转向“社会人”，需要有一种新的组织形态来承担社会动员和社会整合功能；在政府转型和社会转型过程中，政府、企业的社会性职能等向社会转移，需要一种新的组织形态来承接；另外，当前的各种社会问题和矛盾都集中在社会基层——居住区，也需要建立一种新的基层社会管理体系。这些，都需要将一定的管理和服务职能和设施下沉到乡镇和村/社区，需要一定的组织机构和设施。另外，从21世纪初以来，我国宏观政策调整，逐步加大对农村地区的政策支持和资金投入力度，极力补农村这块“短板”，为农村公共服务平台建设提供了良好的政策条件。总之，农村公共服务平台建设是承接基层社会管理和服务功能的重要平台，适应当前社会转型发展趋势的要求。

3. 农村公共服务平台建设是实现乡村治理单元功能提升的重要保障。基层社会中的乡镇和村/社区，主要承担两大功能：社会管理与公共服务。乡镇或村/社区不仅是一般意义上提供管理和服务的载体，我们要从国家政权建设的高度来认识该载体，其是国家治理的基层单元，也是非常重要的治理单元，“基层稳，天下安”的道理是国家治理实践的基本经验，乡镇和村/社区的国家治理单元功能的有效发挥，关乎国家社会秩序安稳与人民生活幸福，而这种治理功能的发挥和提升，依赖于良好的组织机构和设施保障。因此，农村公共服务平台建设，一方面是国家治理能力和服务有效延伸到基层的重要通道；另一方面是方便居民生活，提高居民生活水平的重要保障，对促进居民安居乐业十分重要。在此意义上，农村公共服务平台建设是实现国家基层治理目标的重要方式之一。

4. 当前经济社会发展水平保障了农村公共服务平台建设的可能性。当前，我国GDP总量已位居世界第二位，尽管人均GDP依然处于发展中国家行列，但与几年前相比，有着较大幅度的提高。

特别是当前财政收入，特别是中央财政和省级财政收入，有了较为稳定的增长速度和保障，这为基本公共服务均等化的推进，提供了基本的财政保障。当前我国已进入“保增长、调结构”的经济增长新常态，虽然在局部行业和领域呈现一些困难，但从总体而言，根本趋势是好的，而且，这种经济增长的新常态，更有利于经济结构的调整和经济结构的可持续发展。另外，伴随国家财税体制改革，地方政府，特别是基层政府的财政保障将会有明显改善，将有更多的财政支配能力，为农村公共服务平台的建设提供财力支撑。

5. 已有改革实践经验，为农村综合服务平台建设提供借鉴。目前，在全国有不少地方已经开始在村或社区建设公共服务站平台，尽管模式各异，功能定位有别，但都能为今后的探索提供一些有益的经验；而且，先行改革地区的实践所得的认识是一致的——公共服务平台建设必不可少。众多实践模式中，武汉市江汉区的“江汉模式”、深圳的“盐田模式”、广州市正在推动实施的“街道家庭综合服务中心”建设等，都体现了基层社会公共服务平台建设的探索创新，各地在实践过程中积累的经验，可为今后的改革实践提供借鉴。

三　农村公共服务平台建设的配套改革

农村公共服务平台建设是公共服务设施的建设配置，涉及乡村社会管理组织机构和体系的变革，要求社会管理体制机制进行变革。为保证农村公共服务平台建设及功能最大程度发挥，至少要在以下几个方面进行改革。

1. 重新审视和调整公共服务的设施单元。农村公共服务平台建设的主要目标在于满足基层社会管理和服务的需要，从理论上来讲，确定公共服务实施单元，或确定该公共服务平台覆盖面积的主要依据有三个：一是该地区的地理区位和历史传统；二是公共服务平台的最佳服务半径；三是该服务平台的服务密度，主要包括服务对象人数多寡等。目前，我们一般将乡镇和村作为公共服务供给的两个层级实施单元，其服务覆盖或供给区域也多以行政区划边界为边界，但根据一般公共服务设施（平台）的覆盖半径及供给效率来看，该服务半径所辖区域有些往往与行政区划边界并不一致，所以，条件允许可能的情况下，可以根据公共服务设施的服务半径和服务密度对乡镇和村进行调整。当然，因当前乡镇区划的调整过程和程序较为复杂，涉及利益方也比较多，一般情况下对其调整的难度比较大，但对于一些因特殊原因重新组建或撤并的乡镇而言，在撤并和组建的过程中，可以考虑公共服务的实施单元问题。而对于村的区划边界的调整，程序上相对比较容易，目前农村行政村的设置一般都是经过多年历史发展而形成的，具有很深的历史传统因素，所以，对传统行政村调整也应谨慎，当然，如遇村撤并或组建的情况下，可以做出最佳区划调整。值得注意的是，某些比较大的行政村，下辖若干自然村，且每个自然村也都有相当的服务需求和人口规模，在此情况下，根据实际情况，可以考虑以自然村为实施单元配置公共服务平台，当然，所设服务项目要根据具体情况而定。

2. *改革乡镇和村/社区组织的内部微观组织机构设置*。农村公共服务平台建设，是涉及乡村社会管理组织机构和体系的深层次的变革，对乡镇部门或机构的职能、工作体制机制都有所影响，对村/社区原有的村民委员会或居民委员会的职责、工作体制等也有所影响。因此，必须对现有乡镇机构进行微调（具体调整建议在后面论述，在此不讨论），而对村/社区组织机构的调整，要对公共服务站和原有村民自治组织（主要是村民委员会、村党组织等）之间的关系进行合理界定，实践中可以探索村民委员会与公共服务平台二者间分设和合设的不同实践模式。但从根本导向上而言，公共服务平台的配置，应有助于推进村民自治运行机制（即民主选举、民主决策、民主管理、民主监督的运行机制），同时通过制度建设理顺村党组织、村民代表大会、村民委员会等社区内组织机构之间的关系，建立村级组织网络，动员社会力量，整合社会资源，形成公共服务平台建设合力。

3. 保障村民委员会的自治性。村级公共服务平台（后文一般称为公共服务站）的建设，不论是与村民委员会合设，还是分设，都应保证村民委员会的自治属性，这也是《村民委员会组织法》对村民委员会法律地位的基本要求。为保障村民委员会的自治属性，首先，要理顺村民委员会与街道办事处（乡镇）的关系，变过去的领导与被领导、命令与服从的关系为指导与协助、服务与监督的关系。其次，合理设置公共服务平台的服务项目内容体系，将乡镇公共服务中心职能和社区公共服务站职能进行有效对接的同时，禁止县级政府部门或乡镇政府部门将不属于村级公共服务站的职能和任务，下沉到公共服务平台，建立相应的工作任务过滤机制。最后，谨防因公共服务平台建设，承接部分政务性管理和服务职能，而导致村民委员会过度行政化。

4. 理顺公共服务平台的外部关系。关键是理顺公共服务平台与县（区）政府职能部门和乡镇有关政府部门的关系。县、乡镇政府相关职能部门为配合公共服务平台建设，要转变工作理念和思路：第一，立足基层、重心下沉。县、乡镇政府部门的首要任务是把自己承担的行政事务做好、做足，做到“五个到社区”：工作人员配置到社区、工作任务落实到社区、服务承诺到社区、考评监督到社区、工作经费划拨到社区；第二，严格执行“权随责走、费随事转”原则，保证公共服务平台有足够的工作能力和经费保障。

5. 建立公共服务平台的经费保障体系。公共服务平台的经费保障，可考虑以下来源：（1）县区或乡镇的财政经费投入；（2）公共服务平台积累的现金和经营性资产收益；（3）通过共驻共建，获得辖区所在单位的财力支持；（4）按“谁受益谁出钱”原则，在辖区范围内筹集资金；（5）县区有关部门下拨的“费随事转”工作经费。

6. 合理设置农村公共服务平台项目内容体系。一方面，基本公共服务因其对居民生活的必需性，居民的基本生活需求有着较高的雷同性，但在不同地区、不同经济社会发展水平、不同历史风俗习惯下，居民基本需求也存在差别，所以，各级公共服务平台所提供的服务项目和服务内容既有相同的部分，也需要根据居民实际需求而有不同设置。同时，要充分考虑到未来城乡发展一体化的趋势，考虑到未来城乡之间基本公共服务的对接与协调。

7. 公共服务站建设与公共服务中心建设并行。乡镇是村的直接“接触面”，村级公共服务平台的改革往往需要乡镇的保障或支持，只有乡镇或街道管理体制改革后，才能保障村级公共服务站建设及功能正常发挥，否则，可能出现“下面改了上面没改，改了也白改”现象。也正是因此，本研究将村级公共服务站和乡镇公共服务中心一并研究，在实践中也建议一并推进。

四　农村公共服务平台服务内容设置依据

那么，农村公共服务平台上应该提供哪些服务内容或服务项目？或者说应该将居民所需要的哪些基本公共服务纳入农村公共服务平台中来供给或管理？要解决此问题，首先要解决依据什么标准或依据来选择和确定农村公共服务平台的服务内容或项目问题。

据前所述，本研究将农村公共服务平台定位于主要承接政务性的基本公共服务平台，因此，其所提供的主要内容在很大程度上应属于基本公共服务范畴之列；其次，农村公共服务平台的重要政策目标在于实现基本公共服务均等化，因此，相关政策对公共服务内容和项目的界定，是我们选择和确定公共服务平台内容和项目的重要依据；再次，从根本上来说，公共服务平台建设在于满足各地居民需要，提高居民生活水平，因居民需求的多样化和各地具体情况的多样化和复杂性，所以，居民具体需求和地方特殊性是我们选择确定公共服务平台服务项目的重要参考因素；最后，公共服务平台服务内容和项目的选择还要考虑到平台供给服务的特殊性及其制约性，还要与区域内其他有关服务载体所提供的服务相配合与协调。综合上述，我们可以从以下四个方面来选择和确定公共服务平台应提供的服务内容或项目。

1. 基本公共服务的内容。前面已经对学界对基本公共服务的内容及分类进行了相对详细的梳理，尽管学界对其外延及其分类有着不同理解，但从整体来看，还是具有很大共识的，这些学界的理解与共识，是我们确定农村公共服务平台服务内容项目或体系的重要参考依据。在此，笔者不再重复列举学界对基本公共服务内容的见解与主张。

2. 国家和地方政策文件中的基本公共服务项目。国家和各个地方在推进基本公共服务均等化的过程中，不仅有宏观的政策指导，如党的决议中对基本公共服务均等化的相关规定、相关国民经济社会发展规划中对基本公共服务相关内容的界定，而且，中央和地方均就推进实施基本公共服务均等化战略制定出台了相关政策，其中对基本公共服务的内容有着相对具体的要求。笔者简要列举中央和地方具有代表性的政策文件中基本公共服务所包含的服务内容或项目，具体情况如表5—1所示。

上述标准具体来源如下：

政策1：2012年7月，国务院颁布实施的《国家基本公共服务体系“十二五”规划》。

政策2：2017年1月，国务院颁布实施的《“十三五”推进基本公共服务均等化规划》。

政策3：2017年2月，中共中央办公厅、国务院办公厅下发的《关于加强乡镇政府服务能力建设的意见》。

政策4：2009年12月，广东省人民政府颁布实施的《广东省基本公共服务均等化规划纲要（2009—2020年）》。

政策5：2014年5月，广东省财政厅颁布实施的《广东省基本公共服务均等化规划纲要（2009—2020年）》（修编版）。

表 5—1　　相关政策文件中公共服务内容体系表

标准来源 服务设施	政策1	政策2	政策3	政策4①	政策5②	政策6	政策7③	政策8④
公共教育	√	√	√	√	√	√	√	√
劳动就业服务	√	√	√	√	√	√	√	√
社会保障	√	√	√	√	√	√	√	√
基本社会服务	√	√	√		√		√	
医疗卫生	√	√	√	√	√	√	√	√
人口计生	√	√	√		√	√	√	√
住房保障	√	√	危房改造	√	√	√		√
公共文化体育	√	√	√	√	√	√	√	√
残疾人基本公共服务	√	√	√		√		√	

① 该《规划纲要》将基本公共服务的范围确定为两大类：基础服务类和基本保障类。其中，基础服务类包括公共教育、公共卫生、公共文化体育、公共交通四项；基本保障类包括生活保障（含养老保险、最低生活保障、五保）、住房保障、就业保障、医疗保障四项。

② 该《规划纲要》将基本公共服务范围表述为公共教育、公共卫生（含人口和计划生育）、公共文化体育、公共交通、公共安全和生活保障（含养老保险、最低生活保障、五保、残疾人保障）、住房保障、就业保障、医疗保障、生态环境保障。笔者根据其具体内容在表格中做出对应选择。

③ 该《方案》认为基本公共服务包括公共教育均等化、公共卫生均等化、公共文化体育均等化、公共交通均等化、公共安全均等化、生活保障均等化、住房保障均等化、就业保障均等化、医疗保障均等化、生态环境保障均等化，其语言表述与表中相关表述有差异，笔者根据各项具体内容在表格中做出对应选择。

④ 该《规划》将基本公共服务主要内容确定为基本公共教育、基本就业创业、基本社会保障、基本健康服务、基本生活服务、基本公共文化、基本环境保护、基本公共安全，其语言表述与表中相关表述有差异，笔者根据各项具体内容在表格中做出对应选择。

续表

标准来源 服务设施	政策1	政策2	政策3	政策4①	政策5②	政策6	政策7③	政策8④
基础设施	√ 注⑤			公共交通	公共交通	√	√	√
生态环境保护	√		√		√	√	√	√
经济发展								
公共安全					√		√	√
现代服务业						√		
社会管理								

政策6：2012年4月，广东省人民政府办公厅印发的《深入推进基本公共服务均等化综合改革工作方案（2012—2014年）》。

① 该《规划纲要》将基本公共服务的范围确定为两大类：基础服务类和基本保障类。其中，基础服务类包括公共教育、公共卫生、公共文化体育、公共交通四项；基本保障类包括生活保障（含养老保险、最低生活保障、五保）、住房保障、就业保障、医疗保障四项。

② 该《规划纲要》将基本公共服务范围表述为公共教育、公共卫生（含人口和计划生育）、公共文化体育、公共交通、公共安全和生活保障（含养老保险、最低生活保障、五保、残疾人保障）、住房保障、就业保障、医疗保障、生态环境保障。笔者根据其具体内容在表格中做出对应选择。

③ 该《方案》中认为基本公共服务包括公共教育均等化、公共卫生均等化、公共文化体育均等化、公共交通均等化、公共安全均等化、生活保障均等化、住房保障均等化、就业保障均等化、医疗保障均等化、生态环境保障均等化，其语言表述与表中相关表述有差异，笔者根据各项具体内容在表格中做出对应选择。

④ 该《规划》将基本公共服务主要内容确定为基本公共教育、基本就业创业、基本社会保障、基本健康服务、基本生活服务、基本公共文化、基本环境保护、基本公共安全，其语言表述与表中相关表述有差异，笔者根据各项具体内容在表格中做出对应选择。

⑤ 在《国家基本公共服务体系"十二五"规划》中，还明确了基础设施、环境保护两个领域的基本公共服务重点任务，包括：行政村通公路和客运班车，城市建成区公共交通全覆盖；行政村通电，无电地区人口全部用上电；邮政服务做到乡乡设所、村村通邮；县县具备污水、垃圾无害化处理能力和环境监测评估能力；保障城乡饮用水水源地安全等。但认为上述内容已分别纳入综合交通运输、能源、邮政、环境保护等相关"十二五"专项规划中，没有在规划中予以阐述。

政策 7：2016 年 6 月，湛江市人民政府颁布实施的《湛江市深入推进农村基本公共服务均等化工作方案（2016—2020 年）》。

政策 8：2016 年 11 月，浙江省人民政府办公厅下发的《浙江省基本公共服务体系“十三五”规划》。

从对上述中央和地方相关政策文件的梳理中，可以看出其内容具有高度的一致性。这种一致性既有基本公共服务内容稳定性和共同性的因素；也有当前我国政策决策、运行体制、政府管理体制等因素的影响，在当前政策执行体制下，一旦中央或省级就某一领域做出相对具体的决策后，其下级政府，特别是省级以下政府的功能和职责往往主要体现在“执行”上，甚至尽管中央或省级政策文件要求其下级政府结合本地区实际，制定与本地区实际相适应的详细性政策时，地方政府，特别是省级以下政府的“决策”色彩十分淡薄。但从内容上，基本公共服务的主要内容应包括公共教育、劳动就业服务、社会保障、基本社会服务、医疗卫生、人口计生、住房保障、公共文化体育、残疾人基本公共服务、基础设施、生态环境保护、经济发展、公共安全、现代服务业、社会管理等内容。

3. 区域内居民需求特殊性与地方特殊性。农村公共服务平台服务项目的设置，从根本上说来源于居民需求，国家相关政策中对基本公共服务内容或项目的界定，是对全国整体现状和居民普遍性、一般性共同需求做出对服务的最大公约数“圈定”，而不同地区、不同居民，其需求往往有着特殊性的需求。农村公共服务平台服务内容的设置，要充分考虑到地方和居民的特殊性。这种特殊性主要体现在以下几个方面：一是区域内居民需求的特殊性，特别是区域内人口的年龄结构、职业结构、工作形式等的不同，往往对服务需求有着比较明显的差别；二是区域经济社会发展水平，我国当前经济社会发展处于非均衡状态，不仅城乡存在差别，区域之间也存在差别，不同的经济社会发展水平，也影响和制约着居民对公共服务的需求内容和供给方式；三是地方文化风俗习惯也影响着居民对基本公共服务内容的需求和选择。不同地区，往往有着不同的地方文化和风俗习惯，而这些都会影响居民生活方式和消费习惯，从而对基本公共服务的需求也产生影响；四是地方特殊地理空间环境条件也影响着居民对基本公共服务的需求，如交通、环境、空间等因素，都会影响到居民需求，而这些在不同地区往往差别较大。特别是农村基本公共服务平台服务内容的选定，特别要考虑到“农村”这一特殊的空间背景和特殊的居民需求，因为农村有着有别于城市的经济生产形式、有别于城市的居民生活习惯和消费习惯、有别于城市的自然地理条件和基础设施条件，这些都是我们设置农村公共服务平台所应该考虑的因素。

4. 基本公共服务供给的平台适宜性。本研究对象的农村公共服务平台，定位于综合性的公共服务“平台”，将相关基本公共服务内容聚集在该平台的同时，也对基本公共服务内容进行整合和梳理，按照服务业务流程进行供给，以达到提高供给效率和效果的目的。但基本公共服务内容众多，而且各种服务属性决定着不同的供给方式，并非所有的基本公共服务都适宜聚集在该平台上，以平台的方式对居民提供，只能选择那些适宜以平台化方式提供的基本公共服务，将之聚集在平台内。作为平台，什么样的基本公共服务适宜在平台上提供？或者说平台提供方式对基本公共服务的服务内容和方式有着怎么样的特殊性要求？根据是否适宜进行平台化供给方式为标准，从总体上我们可以将基本公共服务分为平台性公共服务和平台外公共服务。而平台性公共服务又可以分为两大类：一类是平台上提供基本公共服务的“前台服务”，主要是服务相关的信息处理和服务管理，而具体服务过程在平台外或平台下进行，为后续研究方便，我们将此类服务称作 A 类平台服务；另一类是不仅服务相关的信息处理和服务管理聚集在平台上，而且在平台场所内或周边直接提供相应的服务场所或设施，在平台空间内直接提供某种公共服务，我们称之为 B 类平台服务。是否适宜在平台上提供，一则要看服务内容和形式是否适合以平台方式提供；二则要看服务平台的空间面积等硬件条件是否是提供服务的最佳场所；三是要兼顾服务的传统供给方式。基于上述平台供给服务的特殊性，我们可根据需要将能够聚集也适宜聚集在平台上提供的公共服务聚集在平台内。

五　农村公共服务站服务内容体系

本研究将农村公共服务平台划分为两个层次：乡镇层面设置的公共服务中心和在村（主要是行政村）层面设置的村级公共服务站，在后续研究中，如果没有特殊说明，公共服务中心指乡镇公共服务中心，公共服务站指村级公共服务站。二者所提供的公共服务项目，既有共性部分，也有差异，所以，在此分别研究。

（一）农村公共服务站服务项目的确定

根据上述农村公共服务平台服务项目的选择标准，哪些公共服务项目应该在村级平台上聚集？首先，基于前述对农村公共服务平台功能及属性定位，其根本属性在于“公共性”，主要承接政府下沉的“政务性”公共服务，我们先对基本公共服务中一些内容进行排除性筛选。其一，农村公共服务站主要提供生活性基本公共服务，其主要为生产性的公共服务，一般应排除在公共服务站之外；其二，市政基础设施的服务应排除在公共服务站之外。如道路交通、供水、供气、供热、供电、有线电视、污水处理、环境卫生等服务，因为该类服务具有公共性，也属于基本公共服务范畴，但又多采取企业形式的市场化运作，一般我们将其中的大部分服务称为“公共事业”，该类服务一般由建设行政主管部门分工进行行业管理，有相关企业进行企业化运营，无须纳入农村公共服务站；其三，市场性的便民利民服务应排除在公共服务站之外。该类服务对居民生活至关重要，但一般通过市场化方式能够得以有效解决，无须纳入公共服务站；其四，单体性的公益性公共服务，如公共教育、医疗卫生（含计生）、残疾人康复等服务，往往具有较高的技术性，而且对空间等硬件设施有着特殊要求，排除在公共服务站之外。

前述各类政策文件对基本公共服务内容的确定，多是根据服务所在行业部门管理为边界进行的分类，此种分类模式具有明显的“条条分割”特点，在实践中能够影响服务和管理的效果。本研究力图从公共服务的业务流程和服务方式特点对基本公共服务内容进行重新归纳，并基于上述排除之后，认为农村公共服务站主要提供的服务项目包括秩序与安全、人口与信息管理、社会保障、物业服务、扶贫与农技服务、文化体育服务和社区参与服务七大类，每类服务中包含若干具体服务内容，具体情况如表5—2所示。

表5—2　　农村公共服务站服务内容体系表

服务类别	主要服务内容	服务方式
人口与信息管理服务	各类人口信息和房屋信息采集、录入、分类、统计、管理，以及上报等	B类
秩序与安全服务	环境污染、社会治安、消防安全、公共卫生、社区矫正、综治维稳等服务	A类
	法律咨询服务	B类
社会保障服务	社会保险（含养老、医疗等）、社会救助（含低保、失业等）、社会优抚、住房保障（含危房改造等）等的资格审查、办理证件等服务	B类
	居民养老（含集中式养老和居家养老）；就业技能培训服务；残疾人服务	A类
物业服务	垃圾清扫清运、公用设施维护、乡村绿化等服务	A类
扶贫与农技服务	农业技术服务、扶贫工作	A类
文化体育服务	文化与宣传服务、体育服务	A类
社区参与服务	草根组织发展、邻里交往、邻里互助、邻里调解、权利表达与维护、参与公共政策、政府行为监督、评估公共服务绩效、村级选举、文体活动组织、居民教育、志愿服务组织等	A类或B类

针对上述服务项目，做以下几点说明：

1. 秩序与安全类的服务，农村公共服务站提供协助性服务，其主要服务由政府相应部门来具体提供。如环境污染，主要由环保部门负责；社会治安主要由公安机关负责，但在村应建立治安室；消防安全主要由消防等相关部门负责；公共卫生主要由卫生防疫部门负责；社区矫正主要由所在司法行政部门负责；法律咨询服务，目前广东开展“一村一法律顾问”项目，该项目由司法部门主管，委托律师协会组织实施，公共服务平台应提供相应办公场所和条件；综治服务由相应的综治部门负责，农村公共服务站仅仅提供相应的协助，并做好相关信息采集与管理工作。而且，此类服务中，除法律咨询服务外，其他各类服务均属于 A 类平台公共服务。

2. 社区参与类的服务，主要由村民委员会承接，但目前村民委员会和村公共服务站的设置多数地方处于合置状态，因此，此处将村民委员会所应该提供的社区参与服务纳入村公共服务站。

3. 服务方式的 A 类和 B 类。A 类平台服务指公共服务站提供基本公共服务的“前台服务”，主要是相关信息处理和服务管理，而具体服务过程在平台外或平台下进行；B 类平台服务，不仅服务信息处理和服务管理聚集在平台上，而且在平台场所内或周边配置相应设施，直接提供具体的公共服务。

（二）农村公共服务站内服务窗口的设置

农村公共服务站以对外服务窗口的形式提供相应服务，农村公共服务站窗口的设置基础应以公共服务业务分类为基础，而公共服务业务的科学合理分类，是各类服务项目有效提供的基本前提，服务窗口设置的基本原则是优化服务工作流程，同类服务或相关性的服务整合集中在同一窗口，这样，有利于高效、便民地提供服务。根据上述农村公共服务站平台上聚集的服务项目，有条件的地方可在公共服务站大厅内以“一站式”平台提供“人口与信息管理、秩序与安全、社会保障、物业服务、扶贫与农技服务和文化体育服务”六个服务窗口，没有条件提供“一站式”服务大厅的，也应提供相应的紧邻的办公场所和设备。而服务窗口的名称建议以“某某服务组”，如可以根据服务相应命名为“人口与信息管理组、秩序与安全服务组、社会保障服务组、物业服务组、文化体育服务组”。但对于“扶贫与农技服务”而言，将扶贫工作与农技服务工作相整合，其原因在于二者实际上都是解决农村发展和农民致富问题，特别是现阶段的扶贫以开发式扶贫为主，而农业发展也依赖于农业技术的提供，所以，可以将此服务窗口命名为“农村发展服务组”。

平台内该服务窗口所从事的具体工作内容限于 B 类公共服务和 A 类公共服务中的“前台服务”（主要是文档和信息管理工作）。而对于 A 类公共服务中具体提供服务的场所和设备，需要根据具体服务项目内容需要进行提供和安排，具体标准在后续研究中予以说明。

因社区参与服务主要由村民委员会承接，而村民委员会作为基层群众自治组织，有着自身特殊性，建议在公共服务站和村民委员会分设的情况下，依据一定的标准给予村民委员会相应的办公环境和条件；在公共服务站和村民委员会合设的情况下，也应保证村民委员会相应办公条件和人员配备。根据《村民委员会组织法》第七条规定：“村民委员会根据需要可以设立人民调解、治安保卫、公共卫生与计划生育等委员会”，当然，这并不说每个村民委员会都必须，且只能设立这三个委员会。由于各个村情况不同，可以根据需要设置相应的委员会。而且，考虑到村民委员会和公共服务站相关内容重合与整合问题，要根据需要协调二者的机构或窗口设置。

值得注意的是，农村公共服务站工作的开展，离不开党组织的领导，公共服务站要建立相应的党组织，在村（村民委员会）站（公共服务站）分设地方站，建议由村党支部书记兼任公共服务站副站长，条件具备情况下，在公共服务站建立党小组，村党支部书记（公共服务站副站长）任党小组组长。

六　乡镇公共服务中心服务内容体系

根据前述农村公共服务平台服务项目的选择标准，哪些公共服务项目应该在乡镇这一平台上聚集，或哪些公共项目内容适宜在乡镇这一层级上进行集中式的“平台”供给？

（一）乡镇公共服务中心服务项目的确定

乡镇公共服务中心的功能定位表现在两个方面：一是乡镇公共服务中心是村公共服务站的领导（指导）[①] 机构，履行对村公共服务站的领导（指导）责任，或履行对村公共服务站根据服务需要或相关规定上报材料的审核、转交职责；二是乡镇公共服务中心是乡镇层级（或公共服务实施单元）的公共服务供给平台，直接提供适宜在乡镇这一层级上提供的某些基本公共服务项目，适宜在乡镇层级提供的公共服务，往往与该项服务项目的服务半径或密度，或所需的财政供给能力有关。而有些属于村公共服务站专属的服务项目，也无须乡镇公共服务中心审核、备案或转交的服务，则无须在乡镇公共服务中心内提供。另外，还要考虑到当前乡镇人民政府内其他机构部门职能的协调和配合问题。根据此标准，我们可以对乡镇公共服务中心服务项目进行如下设置或调整。

1. 根据乡镇公共服务中心和村公共服务站二者的领导（指导）关系，乡镇公共服务中心应该对村公共服务站所有的服务项目有所指导，但其工作内容和形式与村公共服务站有很大区别，主要履行的是审核、批准、核发、转上报等职责，因此，有必要对相关服务

---

① 乡镇公共服务中心和村公共服务站二者关系比较复杂，一则是因在全国当前改革过程中，村站分设和合设情况不一样，导致二者关系复杂化；二则不同地方改革实践中，有着不同探索，有的定位为领导关系，有的定位为指导关系。

在乡镇层面进行再次聚集与整合。从服务的具体内容上来说，可以分为两大类：一类是管理类；另一类是服务。管理类主要对接村公共服务站内的“人口与信息管理”服务项目；而服务类主要对接公共服务站内的“社会保障、扶贫与农技服务”等服务。

2. 对于村公共服务站所提供的“物业服务”，则主要由村公共服务站负责管理和服务，除对乡镇人民政府所在地的物业服务外，乡镇公共服务中心不再提供物业服务的管理。另外，对于村公共服务站内社区参与服务，因该项服务主要由村民委员会承接，而对村民委员会的指导主要由乡镇党委和政府直接指导，也无须在乡镇公共服务中心内提供。

3. 将适宜在乡镇层级上提供，并且适宜于平台化方式提供的基本公共服务项目在乡镇公共服务中心平台内提供。其一，前述已言，对于秩序与安全类服务，大部分服务项目村公共服务站仅仅履行协助职能，而其具体服务的提供，需要乡镇甚至县区政府等有关具有执法权限的部门提供，而乡镇的执法权限大部分来源于县区有关部门的授权，但在客观上履行着实际执法者角色，所以，秩序与安全服务在乡镇公共服务中心内依然应该设定。其二，社会保障服务中的居民养老（含集中式养老和居家养老）服务和就业技能培训服务、扶贫与农技服务、文化体育服务，不仅社区可以提供，乡镇层面（实施单元）也可以直接提供相应的公共服务。特别是社会保障服务中的集中式养老服务和就业技能培训、扶贫工作，以及相对大型的文化体育活动，需要大量的财力、物力和人力做保障，同时为更好地满足公共服务供给的效率目标，选择由乡镇公共服务中心平台提供更合适，也更具效率性。

4. 根据目前教育管理体制改革，在农村，乡镇是基础义务教育的直接管理主体，县区级教育主管部门是其业务主管部门，因而，在文化体育服务方面，应增加科教服务和公共基础教育的管理或服务内容，设置“科教文化体育服务”内容。

5. 当前，各类社会组织力量是农村治理和发展的重要力量，一方面要对各类组织进行登记，实行规范化管理；另一方面，要积极培育公益性、民间性草根组织，引导其良性发展。因此，应在乡镇公共服务中心内设置“社会组织服务”内容。

基于上述分析，我们将乡镇公共服务中心平台内提供的服务项目列表如5—3所示。

表5—3　　农村公共服务中心服务内容体系表

服务类别	主要服务内容	服务方式
人口与信息管理服务	对村公共服务站上报的各类人口信息和房屋信息进行统计、管理，以及上报等	B类
秩序与安全服务	环境污染、社会治安、消防安全、公共卫生、社区矫正、综治维稳等服务	A类
	法律咨询服务	B类
社会保障服务	审核村公共服务站上报的社会保险（含养老、医疗等）、社会救助（含低保、失业等）、社会优抚等资料，核发相关证照，提供相应服务	B类
	居民养老（含集中式养老和居家养老）；就业技能培训服务；住房保障（含危房改造等）服务	A类
扶贫与农技服务	农业技术服务、扶贫工作	A类
科教文体服务	科教宣传、文化服务、体育服务；对公共教育的管理	A类
社会组织服务	农村各类社会组织登记、培育孵化、引导与管理	B类

（二）农村乡镇公共服务中心服务窗口设置

同样，乡镇公共服务中心也应以设置对外服务窗口的形式提供相应服务。根据上述乡镇公共服务中心平台上聚集的服务项目，一般要求乡镇公共服务中心以“一站式”服务平台对居民提供服务，建议窗口名称以“××服务中心”命名，根据服务内容可将“人口与信息管理服务”服务窗口命名为“人口与信息网络中心”；“秩序与安全服务”实则主要承担社会管理与服务工作，大部分履行的是执法与管理工作，可将该窗口命名为“综合管理执法中心”；在当前乡镇内部结构设置中，“社会保障服务”的主要工作是由目前乡镇内的“社会事务科”来承担，因此，可将承担社会保障服务的窗口命名为“社会事务服务中心”；与农村公共服务站类似，将“扶贫与农技服务”窗口命名为“农村发展服务中心”，并且，该中心设置后，可以将原有乡镇人民政府有关科室的相关职能合并进该中心；“科教文体服务”窗口可以命名为“科教文体服务中心”，也整合原有乡镇政府机构有关科室职能；“社会组织服务”窗口可命名为“社会组织服务中心”。

同样，乡镇公共服务中心也离不开党组织的领导，公共服务中心接受乡镇党委领导，建议由乡镇人民政府的一名乡镇长兼任公共服务中心主任；在党员和组织条件具备情况下，在公共服务中心建立党小组，公共服务中心主任任党小组组长。

基于上述对农村乡镇公共服务中心和村级公共服务站各自服务内容体系和服务窗口设置的研究，在此进行归纳如表5—4所示。

表5—4　　农村公共服务平台服务内容体系表

名称	服务类别	服务内容	窗口设置	服务方式
公共服务站	人口与信息管理服务	各类人口信息和房屋信息采集、录入、分类、统计、管理，以及上报等	人口与信息管理服务组	B类
	秩序与安全服务	环境污染、社会治安、消防安全、公共卫生、社区矫正、综治维稳等服务	秩序与安全服务组	A类
		法律咨询服务		B类
	社会保障服务	社会保险（含养老、医疗等）、社会救助（含低保、失业等）、社会优抚等的资格审查、办理证件等服务	社会保障服务组	B类

续表

名称	服务类别	服务内容	窗口设置	服务方式
公共服务站	社会保障服务	居民养老（含集中式养老和居家养老）；就业技能培训服务；住房保障（含危房改造等）服务	社会保障服务组	A类
	物业服务	垃圾清扫清运、公用设施维护、乡村绿化等服务	物业服务组	A类
	扶贫与农技服务	农业技术服务、扶贫工作	农村发展服务组	A类
	文化体育	文化与宣传服务、体育服务	文化体育服务组	A类
	社区参与	草根组织发展、邻里交往、邻里互助、邻里调解、权利表达与维护、参与公共政策、政府行为监督、评估公共服务绩效、村级选举、文体活动组织、居民教育、志愿服务组织等	单列	A类或B类
公共服务中心	人口与信息管理	对村公共服务站上报的各类人口信息和房屋信息进行统计、管理，以及上报等	人口与信息网络中心	B类
	秩序与安全服务	环境污染、社会治安、消防安全、公共卫生、社区矫正、综治维稳等服务	综合管理执法中心	A类
		法律咨询服务		B类
	社会保障服务	审核村公共服务站上报的社会保险（含养老、医疗等）、社会救助（含低保、失业等）、社会优抚等资料，核发相关证照	社会事务服务中心	B类
		居民养老（含集中式养老和居家养老）；就业技能培训服务；住房保障（含危房改造等）服务		A类

续表

名称	服务类别	服务内容	窗口设置	服务方式
公共服务中心	扶贫与农技服务	农业技术服务、扶贫工作	农村发展中心	A 类
	科教文体服务	科教宣传、文化服务、体育服务；对公共教育的管理	科教文体服务中心	A 类
	社会组织服务	农村各类社会组织登记、培育孵化、引导与管理	社会组织服务中心	B 类

第六章 农村公共服务平台服务设施配置

大部分公共服务都必须依赖一定的物质性设施而呈现和提供，同样，农村公共服务平台所提供的服务，也离不开一定的设施。本研究对象为农村公共服务平台，其定位为在乡镇和村级层面提供相关基本公共服务的服务平台；同时，农村公共服务平台设施是国家基本公共服务设施的重要组织部分，是基本公共服务设施在农村区域和空间的呈现。

一 农村基本公共服务设施及分类

农村基本公共服务设施既具有一般公共服务设施的一般属性及供给特点，又具有因“乡村”特殊的地域和层级特点所产生的特殊性。

（一）农村基本公共服务设施之“乡村”属性

“农村”是一个地理区域和行政层级相结合的概念。就地理区域而言，农村与城市相对，在城市化高速发展的今天，尽管城市和农村的边界变得模糊而且不稳定，但从宏观上而言，二者依稀可辨。城市与农村的区别反映在经济生产方式、居民生活方式、建筑及外观呈现等多个方面，更因视角与研究需要不同有着多样化的比较与理解。另一方面，就行政层级而言，在我国当前政府体制下，农村一般指我国政府和社会管理体制的基层部分，一般理解为乡镇及其以下层级，多数地方包括乡/镇、村/社区、村民小组/居民小组这样的层级。当然，村民委员会和社区居民委员会在法律定性上都属于群众自治组织，居民小组和村民小组是村民或居民议事组织，他们虽非行政结构，但他们在一定程度上发挥着政府权力延伸的客观作用，同时，在现实中作为一个层级的的确确影响着基本公共服务的投入、建设及享用。农村基本公共服务设施因其所具的“乡村”性，导致其配置及其标准、供给方式等多个方面也具有自身的特殊性，具体说来具有以下几个特性。

1. 设施内容的特殊性。这种特殊性主要是相对于城市而言的，即农村基本公共服务设施与城市基本公共服务设施不同，有着自身特殊性。这种特殊性从根源上来说，来源于以下两个方面：一方面，农村与城市的功能分工，决定了农村有着不同于城市的基本公共服务需求，从而导致农村基本公共服务设施的配置与城市存在差异。城乡分离最早源于社会分工的需要，是社会分工的一部分，也是社会分工的结果。在传统的理论与实践中，农村是以农业生产为主，以散落的村落为存在形式的人口生活区域；而城市是以工商业生产和经营为主，是人口高度聚集区域，往往多是一定区域内的政治、文化和商业中心。这种农村和城市生产方式及其功能的差异，决定了其对基本公共服务设施需求的差异，农村基本公共服务设施需要满足农业生产而配置。另一方面，农村居民特殊的生活方式决定了基本公共服务设施的特殊性。不仅农村的生产方式不同于城市，基于生产方式不同的基础上，加之农村所在的特殊地理人文环境、区域条件和地方风俗习惯，不仅使农村居民对基本公共服务设施的需求与城市居民需求有所不同，而且，因农村所具环境和条件的具体性和多样性，不同地区或区域的农村基本公共服务设施也有着诸多不同。

即使在推进城乡统筹发展战略背景下，城乡一体化是我们的行动目标，但城乡一体化并非“城乡均质化”、“完全城市化”或

“城乡等同化”，绝非简单地把农村变为城市，尽管在城市化推进过程中，有些农村会变为城市，但大部分的农村依然会保持其“农村”属性，当然，是升级版的“农村”属性。不过，它依然有着“农村”性的基本公共服务需求，这决定了农村基本公共服务设施依然有别于城市的基本公共服务设施。

2. 设施水平的低层次性。农村基本公共服务设施水平的低层次性，不仅体现在与城市相比意义上的低层次，而且也体现在与整个经济社会发展水平相比上的低层次性。这种“低层次”性既有历史原因，也有现实原因。从历史上来看，我国历史上城乡差距有着悠久的传统，新中国成立以后在较长时期内我国存在并在一定程度上强化着城乡二元化体制，导致我国农村与城市的整体发展水平存在较大的差距，因此导致农村基本公共服务设施水平整体落后于城市。从现实来看，尽管我们致力于推进城乡统筹发展和城乡一体化目标，但城乡各种经济和社会制度依然存在相当大的隔阂与脱节。特别是在目前财政分配体制下，“农村”自身财政能力十分有限，致使无力将充足的财政投入基本公共服务设施的建设上，导致农村基本公共服务设施在整体上落后于城市；另一方面，各地方政府出于经济增长效率等考量，认为将其有限的财政资源投入城市基本公共服务设施所取得经济效果、社会效果都可能比投入农村更加“显性”和“可视”，在地方政绩的压力和冲动下，农村基本公共服务设施的水平提高面临现实考量。

当然，也正是因为农村基本公共服务设施的低水平性，我们才要推进城乡统筹与一体化，才提出基本公共服务均等化的战略目标，也正是因此，我们才说农村基本公共服务是城乡发展一体化的短板，提高和发展农村基本公共服务是战略重点。

3. 设施配置的基层性。农村处于整个社会的基层，其公共服务设施配置也具有基层性。这里的基层性，一方面体现在居民和基本公共服务设施发生直接接触，是农村居民直接利用和享受的设施；另一方面，农村基本公共服务设施是基本公共服务均等化的基本承载体，是基本公共服务在基层的体现和呈现。同时，农村基本公共服设施配置的基层性，还体现在设施处于供给网络或层级的末端性，特别是很多设施处于通常我们所讲的“最后一公里”范围，因而，农村公共服务设施对基本公共服务的延伸及供给效果十分重要。

（二）农村基本公共服务设施的分类

对于农村基本公共服务设施，从不同的角度、依据不同的标准会有不同的分类，基于笔者后续研究和讨论的需要，在既有学者研究分类的基础上，笔者认为可以进行以下分类。

1. 按使用性质来分，农村基本公共服务设施包括四类。（1）生活性市政公共设施。市政公共设施指由建设行政主管部门分工进行行业管理、具体由城市政府组织实施管理的、在城市社区层面上实施的部分城市基础设施，具体包括：城市供水、供气、供热、公共交通等城市公用事业；城市道路、排水、污水处理、防洪、照明等市政工程；城市市容、公共场所保洁、垃圾和粪便清运处理、公共厕所等市容环境卫生事业；城市园林、绿化等园林绿化业。而农村基本公共服务设施此处仅仅考虑生活性，对于工业性的市政公共设施不在考虑范围之列。（2）生活性服务设施，即在农村内一般通过市场提供的商业性、便民利民性、日常生活用的服务设施，如商店、超市、餐厅、洗衣店、美容美发店等。该类设施虽然多是通过市场化方式配置和供给，但因该类设施是居民乃至附近区域居民生活和生存的基本需要，对居民生活影响十分重要。同时，该类设施在农村，特别是村落中比较稀缺，影响到居民生活水平和质量。因而，笔者在此将之纳入农村基本公共服务的范畴。（3）社会管理设施，指为实现本地区社会管理功能的设施，包括乡镇级政府及各部门履行管理和服务职能所需要的设施，也包括村级组织为开展服务和工作所需的各类设施，以及派出所、警务室等设施。（4）社会福利设施，指为居民提供基本福利服务功能的设施，主要包括乡/镇社区服务中心或村/社区服务站、养老院、幼儿园（托儿所、学前班）、老人护理照料室、再就业培训中心、医疗卫生服务中心/站、文体活动设施、公共活动场所、公共图书室等。

2. 按主体功能来分，农村基本公共服务设施主要包括两类。（1）综合性服务设施，指在某一区域层面上配置的，通过整体规划建设的地域集中性、功能综合性的社区服务设施，一般在其内部分别建设有若干单一性社区服务设施和服务项目，实行“一条龙”式的便民服务，主要包括乡镇/街道社区服务中心、社区服务站或村公共服务站这两大类。（2）单一性服务设施，指在某一组团或邻里层面上配置的、通过政策建设的地域分散性、功能单一性的服务设施，或者在综合性社区服务设施中的单一性社区服务设施或项目，主要包括社区/村组织办公用房、警务室、医疗卫生服务站、公共图书室、社会保障室、心理咨询室、法律咨询（社区矫正）室、老年活动室、青少年活动中心、老人护理照料室、市民学校、室内外活动场所、再就业培训中心、社会援助设施（慈善超市）、幼儿园（托儿所）、老年大学、养老院（老年公寓）、医院（卫生院）、菜市场、洗衣店、商店、超市、餐厅、洗衣店、美容美发店等若干小类。

3. 按服务范围和使用频率来分，农村基本公共服务设施主要包括三类。（1）居住区级服务设施，指在居住区层面上或在街道行政区划层面上配置的社区服务设施，包括医院（卫生院）、养老院（老年公寓）、再就业培训中心、社会援助设施（慈善超市）、幼儿园（托儿所）、老年大学等。（2）村（行政村）级服务设施，指在行政村区划层面上配置的服务设施，包括村级组织办公用房、警务室、医疗卫生服务站、公共图书室、社会保障室、心理咨询室、法律咨询（社区矫正）室、老年活动室、青少年活动中心、老人护理照料室、市民学校、室内外活动场所等。（3）村民小组、自然村落或居住组团级服务设施，指在村民小组或自然村落等居住组团层面上配置的服务设施，它主要是针对该居住组团范围内居民集中、需求集中配置的低一级的、补充性的服务设施，如老年活动室、室内外活动场所等。一般来讲，这三类服务设施的服务范围是依次递减的，而使用频率是逐渐递增的。

4. 按投资主体来分，农村基本公共服务设施包括两类。（1）政府投资建设的服务设施，指由中央和地方政府公共财政投资建设的服务设施。（2）民间投资建设的服务设施，指由社会民间投资、政府给予相应优惠政策或适当补贴的服务设施。长期以来，公共服务设施被认为具有非排他性和非竞争性，但实际上如前所分析，公共服务的非排他性和非竞争性的程度存在差异，另外，在当前市场经济条件下，公共服务设施的供给和生产完全可以分离，也就意味着政府投资建设的公共服务设施，除了内部生产外，还可以采用合同外包、合作生产、特许生产等多种建设方式。

5. 按承接服务业务的类型来分，农村基本公共服务设施包括六类。（1）秩序与安全设施；（2）信息管理设施；（3）保护性服务设施；（4）技术性服务设施；（5）物业服务设施；（6）社区参与设施。此种分类方法力图实现农村基本公共服务内容的分类管理，进而优化农村基本公共服务体系的方法。

二 农村基本公共服务设施配置的理念与原则

（一）农村基本公共服务设施配置的基本理念

农村基本公共服务设施在农村的配置，形式上要遵循一定的建筑或规划标准，但从根本上来说，旨在满足居民需求。但从理论上而言，如何将居民需求和相关的建筑或规划标准进行有机结合，则是公共服务设施配置的理念与原则的问题，或者说我们应坚持什么样的理念与原则，才能更好地满足居民需求，又能符合规划标准？

1. 均衡空间理念。从属性和功能上看，农村空间在宏观上可以划分为经济空间、社会空间和政治空间，不同的空间属性，决定着对该空间内的基本公共服务设施的配置不同要求；从人文地理意义上而言，农村空间包括农村中心区域—行政村—自然村落三种地理空间呈现，不同的空间不仅有着不同的公共服务设施的要求，而且影响着公共服务设施配置的方式与方法。与农村人文地理空间层次相对应，农村空间在社会管理层级上包含着乡镇/街道办事处—行政村—村民小组三个层次管理层次，不同的层次有着不同的公共服务设施供给责任和能力。农村基本公共服务设施的配置，应考虑不同层次的三个空间设施配置的均衡，使其合理分布。

2. 步行空间理念。按照新城市主义的理论，现代社区规划应该凸出步行社区理念，它主要包括两个方面的内涵：一是社区空间内部，特别是在村层级内部，居民的交通方式主要是步行空间，或者说村级空间应该成为人们能够通过步行进行交往、休闲、健身的场所；二是传统上一般认为，居民步行 10—15 分钟左右，应该可以享受基本的公共服务，这是比较理想的服务设施空间配置。步行空间理念，是由社区空间和经济空间的本质差异性决定的，社区空间是人们生活的安全区域、休养生息的港湾，而社区以外的城市场所才是“压力区域”和“刺激区域”。

3. 安全空间理念。安全社区是联合国改善人居环境的重要内容和衡量标准，核心是人的健康与安全。农村机构公共服务设施的配置，一要保证各类公共服务设施本身的使用安全；二要通过提供基本公共服务设施，如医疗保健、消防、安全保卫设施，来确保居民生命和财产安全。①

（二）农村基本公共服务设施配置的基本原则

根据基本公共服务设施的性质和农村特点，在进行基本公共服务设施配置时，既要考虑基本公共服务设施配置的一般原则，也要

---

① Joon Pil cho，Leif Svanstrom. Developing Safe Communities——Two decades of experiences.

Department of Emergency Medicine Ajou University school of Medicine，Suwon，Kored，2002，pp. 1—4.

考虑农村的特点，应该坚持以下原则。

1. *以人为本原则*。基本公共服务内在属性决定其“为人民”的属性，就是为解决居民基本生活和生产所需要而形成的特殊性的“服务团”，对保障居民基本生存权、发展权等权利至关重要，因而，基本公共服务设施的配置要满足基本公共服务内在属性的需求。而对于农村而言，因为存在现实基本公共服务的短板，需要更多地进行倾斜性投入和配置。农村基本公共服务设施配置的以人为本，突出地体现在两个方面：一是体现在满足居民需求上，要以居民的实际需求为出发点来配置基本公共服务设施的内容和规模，并根据实际需求来选址，既不能配置不足，也不宜过度超前配置；二是体现在居民对该服务设施利用的“可获性”程度上，不仅要保障能够享受，而且要便于居民享用。“能够享受”，意味着居民不仅具有享受该服务设施的需求，而且具备享受该服务的能力和条件；“便于享受”意味着可以便捷地享受该设施，不至于过度增加生活成本。

2. *社会公平原则*。这里的公平原则包含两个方面意蕴，一则是指农村基本公共服务设施的配置与城市基本公共服务设施配置相比，应相对公平，特别是在推进城乡一体化，以均等化为目标配置基本公共服务设施的实践过程中，公共服务设施配置公平是基本公共服务均等化的基本要义。二则是指在基本公共服务设施配置及其后续运营过程中，应坚持公平原则，特别是在当前市场经济体制下，我们积极引入社会资金和民间资金进入基本公共服务设施的建设中，但我们不能因此丢失基本公共服务设施的公共性和社会性，当然，也要合理保护投资人的合理收益。特别是农村基本公共设施的投入，受服务密度、人口因素及生活水平等多方面因素影响，部分设施投资的收益明显低于城市，但更需要我们以公平视角去对待该设施的配置。

3. *效率原则*。基本公共服务设施的配置在追求公平的同时，也不能忽略效率，所谓的配置效率，即是一定的公共服务设施配置要发挥最大的公共服务效果。配置效率有两方面含义：一是指设施配置力求达到最大多数居民、最大程度满意，或称之为社会满意度的最大化；二是指从服务设施的投入和经济性回报而言的效率，或者说力求实现有限的设施配置取得最大的经济效益。不论是社会效益，还是经济效益，公共服务设施的配置都要追求，一般力求二者之间的相对平衡。但对于农村基本公共服务设施而言，保障基本公共服务设施配置的社会效率更为重要，这是由基本公共服务的属性决定的。

（三）农村基本公共服务设施配置的要素

目前，学界讨论城市社区公共服务设施配置方法的比较多，相对而言，对农村基本公共服务设施配置方法的讨论不是太多，笔者这里仅仅就在农村基本公共服务设施配置过程中，所应该考虑的几个要素进行分析，或者说在配置农村基本公共服务设施过程中，应该考虑到以下因素。

1. 服务质量。即基本公共服务设施单个设施的质量，包括该设施的硬件建设质量，也包括该硬件正常使用所需的软件质量，还包括对该设施维护和管理的服务水平。设施服务是保障设施功能正常发挥的前提。

2. 服务半径。即消费者或居民利用或享受该设施，从居住地到该设施的显性距离。特别是对于半径依赖型的服务设施而言，合理服务空间半径才能保证设施服务质量与设施可达性间的平衡。平衡的方法在于寻找满足服务质量条件的设施服务半径与可达性条件的设施服务半径的交集，即在一定质量水平下的设施门槛服务半径与一定设施可达性水平下的设施最大服务半径的区间。[①] 当然，对于网络依赖型公共服务设施，则要考虑管网的延伸点和管网

---

① 罗震东、张京祥、韦江绿：《城乡统筹的空间路径——基本公共服务设施均等化发展研究》，东南大学出版社2012年版，第74页。

密度。

3. 服务规模。即设施的服务规模，也叫服务当量，指某公共服务设施在保持一定服务质量水平前提下，能够服务的最大人口数。常见的有公共服务设施服务规模以千人指标来衡量，千人指标又包括千人用地指标和千人建筑面积指标两部分。

4. 服务密度。即设施服务对象的多寡，一般相对于普通居民性的服务内容和项目而言，服务密度就是该服务设施所服务的居民人数多少，一定的服务设施，使用的人数越多，也就意味着该设施的服务密度越大。

5. 供给层次。或称为“实施单元”，该要素旨在考虑某一公共服务设施配置在哪一层级最为合理。不同的公共服务内容或项目，有着不同最佳供给层级，这不仅是因为不同层级地方政府所肩负的权责最佳匹配问题，还因为不同行政层级实则意味着服务设施所覆盖的服务半径或区域面积大小问题，而这些都直接影响着公共服务的供给效率和效果。前述已言，农村基本公共服务设施配置从层级上而言可以包括乡/镇（街道）—村（社区）—村民小组/自然村（居民小组/楼栋），不同的公共服务项目或内容、不同的服务供给方式，都决定着其不同的最佳供给层级，从而决定着该类服务设施的最佳配置层次和位置。不同的公共服务项目或内容、不同的服务供给方式，都决定着其不同的最佳供给层级，从而决定着该类服务设施的最佳配置层次和位置。公共服务设施层级配置是否合理、科学，直接影响到公共服务供给的质量和效果。

三　农村公共服务站服务设施配置

前述已言，本研究将农村公共服务平台分别定位于乡镇层级的公共服务中心和村级层次的公共服务站，二者的功能和目的有诸多相同，但因其层级不同，所肩负的功能和职责也有所不同，所以对其设施配置应有不同的配置标准，因此，对乡镇公共服务中心和村公共服务站的设施配置标准分别进行研究。

（一）农村公共服务站设施的选址

实施选址与服务实施单元或供给层级紧密相关，村公共服务站，一般以行政村为服务实施单位，其服务半径要覆盖整个行政村。但对于个别人口规模比较大、面积也比较大的行政村，根据实际情况，可以分设两个公共服务站。公共服务站的选址一般位于行政村的中心位置，在村站分设情况下，其选址也要尽量与村民委员会组织办公地点一致，若村民委员会组织办公地点位于该村的边缘地带，可另行考虑在行政村的中心选址配置公共服务中心。

（二）农村公共服务站设施内容

公共服务站设施内容是由公共服务站的服务内容体系决定的，提供什么内容的服务，就需要什么样的服务设施。根据前述对公共服务站服务内容体系的研究，我们根据公共服务站的服务内容配置相应的服务设施。从总体来说，农村公共服务站配置的服务设施包括站内“一站式”服务大厅和附属服务设施两大部分。

1. 人口与信息服务设施。在“一站式”服务大厅内设置“人口与信息服务组”服务窗口，配置相应的办公设备，如办公桌、电脑、网络、打印机等，各类服务窗口都应配置相应的办公设备，下文中不再重复。

2. 秩序与安全服务设施。本来服务属于前述 A 类平台服务，所以该类服务设施的配置，一方面需要在办公“一站式”服务大厅内开设“秩序与安全服务组”服务窗口；一方面需要在村内合适地点提供相应服务设施。如，根据需要在村内设置警务室或治安岗亭，在警务室内配置相应的治安、消防器材和设施，综治维稳的相关设施也可配置在警务室内。目前，因广东省推行“一村一法律顾问”工程，要求有相应的办公空间和办公条件，可将此服务标识置于服务站“秩序与安全”窗口内。另，建议将公共卫生

（卫生防疫）相关服务合并到单体性的医疗卫生服务中，在公共服务站内不再设置相应服务设施。

3. 社会保障服务设施。在公共服务站“一站式”服务内开设“社会保障组”服务窗口，处理相关服务的前台服务，如材料受理、预审核等前台文档处理工作；同时，个别村可根据老年人需求情况，选择性设置养老院。就业技能培训服务若需相应的会议培训空间，可与公共服务站会议室共享。

4. 物业服务设施。在公共服务站“一站式”服务大厅内开设“物业服务组”服务窗口；在公共服务站内设置独立物业用房一间，配置相应的清洁设备、公用设施维护设备、绿化设备；根据需要设置若干垃圾桶置放点，并配套垃圾桶；设置与村需求相适应的垃圾站。垃圾清运车建议由乡镇公共服务中心配置，并提供服务。

5. 扶贫与农技服务。在公共服务站内“一站式”服务大厅开设“农村发展组”服务窗口。

6. 文化体育服务设施。在公共服务站内“一站式”服务大厅开设“文化体育服务组”服务窗口；设置市民学校，可与公共服务站会议室共享；设置图书文化室（有条件地方可设置放映室）；设置一定面积和配置一定数量设施的室内健身娱乐场所；设置一定数量的室外健身场所和设施；有条件地方设置小型休闲娱乐文化广场。

7. 社区参与服务。该类服务设施整合进村民委员会相应办公设施，在此不研究。

（三）农村公共服务站设施配置标准

一般来说，一个行政村设置一个村公共服务站，即村级公共服务站的设置以目前行政村的地域为空间边界，以目前现居住在村的常住人口为人口当量标准。但全国各地行政村的辖区面积、人口多少均有差别，特别是在服务的人口规模和服务半径固定不变的情况下，其服务设施规模必须随之调整，才能在一定程度上提高基本公共服务设施供给水平，也就是说，在村庄人口和地域边界不调整变化的情况下，可根据人口规模和服务半径来调整公共服务设施配置规模和水平，从而总体上使公共服务达到相对均等水平。

1. 农村公共服务站设置的村庄规模

村公共服务站，作为村级承接政务性基本公共服务的基本平台，其设置应主要考虑两个问题：服务人口规模和服务半径。在村庄人口和面积都不变的情况下，为寻求公共服务设施配置规模与村庄人口服务和服务半径之间的相对合理性，公共服务站设施规模可根据村庄人口规模和服务半径进行相应的设置。

目前，不论是国家和地方有关规划，还是学界研究，一般都根据村庄人口数量对村庄进行规模分类，然后根据村庄类型配置相应的公共服务设施。但遗憾的是，不论是当前的国家和地方规划标准，还是学界的理论建议，对村庄分类中各类村庄建议的人口数量并不一致，这种差异性，一方面反映了基本公共服务设施配置的地方特殊性和具体性；另一方面也反映了基本公共设施配置的非均衡性。如《乡村公共服务设施规划标准》① 中根据村庄人口数量多少，将村庄分为特大型、大型、中型和小型村庄，并与之相应提出了相应的基本公共服务设施用地标准②，而单彦名、赵辉通过对北京研究，同样将村庄分为特大型、大型、中型和小型村庄，但人口数量差距很大③，具体情况如表 6—1 所示。

基于我们对广东省湛江市各个村庄人口和规模的考察，湛江市大部分村庄人口聚集程度比较明显，自然村落的分散程度不严重，公共服务站的服务半径对服务效果影响不大，基于此种情况，我们

---

① 天津市城市规划设计研究院：《乡村公共服务设施规划标准》，中国计划出版社 2013 年版。该标准由中国工程建设标准化协会于 2013 年 10 月发布实施。

② 因《乡村公共服务设施规划标准》是建设部门的规划性质的标准，该标准中仅规定公共服务设施的用地面积标准。

③ 罗震东、张京祥、韦江绿：《城乡统筹的空间路径——基本公共服务设施均等化发展研究》，东南大学出版社 2012 年版，第 31 页。

可主要根据人口规模来设置公共服务站，或根据人口规模来设置公共服务站及其相应服务设施规模。

表 6—1　　村庄规模的人口分类标准表

村庄类型＼标准来源	人口规模	
	《乡村公共服务设施规划标准》	单彦名、赵辉
特大型村庄	>3000	1001 及以上
大型村庄	1001—3000	601—1000
中型村庄	601—1000	201—600
小型村庄	<600	200 以下

2. “一站式”服务大厅设施配置

因前述“人口与信息管理服务、秩序与安全服务、社会保障服务、物业服务、扶贫与农技服务、文化体育服务”均需要以窗口服务形式提供，在具备房屋空间条件的地方，建议以“一站式”服务大厅的形式提供窗口服务，各服务窗口以卡座形式一行排列，提供柜台式服务。

服务柜台设施配置。服务柜台布置可借鉴银行柜台设置格式，建议每个服务窗口所占柜台长度为 1—1.5 米左右；柜台高度可设置为 0.75 米，宽度在 0.5 米左右；各服务窗口内横置办公桌一张，办公桌宽度 0.6 米，长度 1.0—1.5 米，在设置窗口时要预留 1—2 个窗口位置，为今后相应服务项目进入服务平台提供条件，个别地方可根据实际需求和特殊情况，设置相应的服务窗口。每个服务窗口配置电脑一台等相应的办公设备；服务窗口的“台牌”置于台面，或采取空中垂下布置，台牌设计美观简洁大方；柜上提供签字笔、油印、老花镜等必要设备。

共享办公设备配置。在服务大厅内，配置打印、复印和扫描设备一套，供所有服务窗口共享使用；每个公共服务站建设采取隔离方式配置档案室一间，内置档案存放设备，档案室面积建议在 15—20 平方米左右，如果条件允许，建议在“一站式”服务大厅内隔离设置。

服务附属设备配置。服务柜台前，空置不低于1.5米的走道；在服务大厅内合适地方以明晰方式简要说明每个服务窗口的工作职责、服务范围及办事流程；在服务大厅内入口或其他等显眼地方设置书报架，存放实时性的相关政策宣传文件及书报、报纸。服务柜台前，配置不低于5人位的大厅等候座椅；在合适地方设置饮用水设备。在条件具备地方，在大厅内可设置LED综合显示屏，以供展示服务相关内容。大厅外应有显眼的公共服务站标识牌，建议各个地方可以先行独立设计，届时国家有关部门出台相关统一标准之后再做统一调整。

根据上述设施配置安排，公共服务站“一站式”服务大厅的建筑面积大约在35—55平方米之间，基本能够满足设置“一站式”服务大厅的空间需要。

3. 多功能警务安全室

设置融“治安警务、消防、综治维稳”为一体的多功能警务室。该室内设备主要包括两部分：一是治安警务所需要的相应设备（包括巡逻工具）；二是配备相应的消防设备。若村内设置有电子监控设备，该室同时可作为监控室。该多功能室供治安巡逻、值班等用。根据功能设置及设备配备情况，建议面积在20—30平方米左右，基本可满足功能需要。

4. 养老院（老年人活动中心）

该服务设施在村公共服务站（村级公共服务平台）是否配置，建议根据村的老年人需求情况和村级资金来源情况而定，属于可选择性服务和设施。若要设置的话，建议可采纳国家或有关部门制定的相应标准。

5. 物业工作室

配置一间物业工作室，供存放垃圾清扫、清运工具和设备；公用设备（主要水电管网）维护设备；绿化等工具，该室建筑面积可设定在20—30平方米左右。另配置封闭型垃圾转运站一座，根据目前垃圾车正常装卸的需要，要求面积在 75—120 平方米左右。另外，5—8 户左右设置一个垃圾桶。如果该物业服务采取市场化方式雇佣物业公司来提供服务，则也可将此标准向物业公司建议采纳。

6. 市民学校多功能室

配置能够容纳 80 人以上的多功能会议室，该会议室不仅可以作为市民学校场地，还可作为举办会议、开展技能培训、开展有关展览等功能之用；同时还可做放映室使用，配备相应的放映设备。建议面积不低于 80 平方米，并配备相应数量的可移动桌椅。

7. 图书文化室（农家书屋）

配置存放图书和供读者阅览的相应设施，并提供不低于 20 人的阅读座位。该项文化设施建设，可以与当前广东省正在推进的“农家书屋”工程相结合，资金来源、图书来源，都可利用农家书屋的资金和资源来源渠道。该图书文化室建筑面积建议不低于 35 平方米。

8. 室内舞蹈室

该舞蹈室属于可选设施，该舞蹈室可供多功能使用，配置相应舞蹈排练等设施。建议建筑面积不低于 80 平方米。

9. 室外体育健身设施

根据需要，配置相应的社区性健身设施。该项设施配置可以与体彩捐建项目相结合。

10. 小型室外文化娱乐广场

根据需要，在有条件地方建设一定规模的文化娱乐广场，供室外举行体育活动、文化活动使用。广东省乡村中，很多村庄都建设有文化楼，一般在文化楼前面都配置有一定规模的广场，可将该广场进行修整利用，同时可根据居民需要，配置其他类型室外运动相应的设施，可供多功能使用。

11. 托儿所（托幼机构）

据笔者调查，在当前经济社会发展水平下，乡村居民对托幼服务的需求比较低，而且，该服务可以以市场化方式提供服务，当然，随着社会发展，该项服务有可能会纳入基本公共服务范围之内。

12. 幼儿园

建议每个行政村或较大的自然村配置一个满足需要的幼儿园。幼儿园的标准可参考国家有关标准。

13. 卫生服务站

因目前卫生医疗机构属于专业技术性很强的领域，对其管理和服务也以部门垂直管理为主，在村级层面属于单体性公共服务设施，国家和地方政府一般都对其建立有相应的配置标准，建议根据各地实际情况，参照国家和地方有关标准执行。值得注意的是，建议将传统的计生服务和公共卫生（卫生防疫）工作任务转移到村卫生服务站。

14. 小学：

该项设施亦属于单体性公共服务设施，其建设标准国家和相应地方政府也多有规范，可参照有关标准配置。值得注意的是，从目前广东省各个村的入学适龄儿童的数量来看，在村级层面一般不建议设置中学。

另外，上述卫生服务站和小学均是单体性基本公共服务设施，有着独特的行业准入标准和专业技术要求，提供的都是具有一定专业技术性的服务，而且，国家有关法律法规和政策对相关行业都有比较明确的规范，因此，二者虽然属于基本公共服务范畴，但建议不纳入公共服务站平台考虑。

（四）农村公共服务站人员配置与经费来源

人员配置是公共服务供给的重要条件和保障，人员配置主要包括两个部分：一是人员数量；二是人员来源及管理方式。

1. 村公共服务站工作人员数量配置。

人员数量的配置依据主要有两个：一是服务内容或业务量，即服务本身业务属性；二是服务对象数量或服务强度，即服务对象人数多寡和需要提供的服务量。基于此，我们可以对村公共服务站工作人员的数量配置做建议性标准。

村公共服务站“一站式”服务大厅人员数量配置：前述已言，

在“一站式”服务大厅内主要开设六个服务窗口，即人口与信息管理服务、秩序与安全服务、社会保障服务、物业服务、扶贫与农技服务、文化体育服务。考虑到地方财政供给的能力和水平，若财政能力允许情况下，可以每个窗口单设一人；在财政能力有限的情况下，可根据服务内容和业务相关性进行相应窗口的人员整合，如可将“人口与信息管理服务组”人员和“社会保障组”人员进行整合，服务窗口不变；将“秩序与安全服务组”与“物业服务组”人员进行整合，服务窗口不变；将“扶贫与农技服务组”与“文化体育服务组”人员进行整合，服务窗口设置不变。目前，湛江市财政水平比较有限，建议采取整合式人员配置。

各服务窗口工作人员，同时负责本窗口服务内容配置的附属设备及设施的管理和维护：如社会保障服务组，负责“老年人活动中心”设施的管理和维护；文化体育服务组负责“室民学校多功能管理室”、“图书文化室”、“室内舞蹈室”、“室外体育健身设施”、“小型室外文化娱乐广场”的管理和维护。

村警务安全多功能室人员配置。建议配置1名村警务安全员；同时，建议组建村级治安联防队，协助村警务安全员工作。

养老院（老年人活动中心）人员配置。该服务设施为选择性配置设施，养老院的配置，根据国家相关标准和服务对象的人数实际情况进行配置。

物业工作人员数量配置。建议物业服务采取市场化服务，若没有采取市场化购买方式提供服务，1位工作人员即可。

托儿所。根据国家和地方相关标准和实际需要进行人员配置。

幼儿园。目前该项服务采取的是市场化方式运作，人员配置根据国家有关规定和现实需要配置。

卫生服务站。根据国家有关标准进行人员配置。

小学。根据国家有关标准进行人员配置。

2. 村公共服务站工作人员组织管理方式

村公共服务站工作人员可采取政府购买服务方式，由乡镇人民政府统一组织遴选并聘用，各地根据实际情况制定相应的人员录用标准和聘用程序；工作人员工资和办公经费纳入县区级财政统筹安排，各地可根据实际情况制定相应的人员工资标准和办公经费保障办法；工作人员考核采取居民、村委会和乡镇联合考评的方式进行，建立工作人员考核和动态管理制度。

对于部分市场化运营的服务项目，建议以服务合同方式，由公共服务站同提供服务主体签订相应的服务合同，合同中约定相应的服务标准和权责。

卫生服务站和村级小学，根据国家相关规定进行管理。

根据上述所列农村公共服务站服务设施配置及其经费来源情况，笔者将其汇总如表 6—2 所示。

表 6—2　　农村公共服务站设施及人员配置标准表

服务种类	服务设施	应设/可设	建筑面积(m^2)	人员	资金来源
综合服务	服务大厅	应设	35—55	3—6	财政
秩序安全服务	多功能警务安全室	应设	20—30	1	财政
社会保障服务	养老院	可设	国家标准	国家标准	财政、民间资本
物业服务	物业工作室	应设	20—30	1	财政/民间资本
	垃圾转运站	应设	75—120		
	垃圾桶	应设	5—8 户/个		
文化体育服务	市民学校多功能室	应设	>80	由服务大厅内各服务窗口人员负责管理	财政
	图书文化室	应设	>35		财政
	室内舞蹈室	可设	>80		财政
	室外体育健身设施	应设	适度配置		财政、社会捐赠
	小型室外文化娱乐广场	可设	适度配置		财政、社会捐赠

续表

服务种类	服务设施	应设/可设	建筑面积(m^2)	人员	资金来源
单体性服务设施	小学	应设	国家标准	国家标准	财政
	托儿所	可设	国家标准	国家标准	财政、民间资本
	幼儿园	应设	国家标准	国家标准	财政、民间资本
	卫生服务站	应设	国家标准	国家标准	财政、民间资本

四　乡镇公共服务中心服务设施配置

（一）乡镇公共服务中心服务设施选址

乡镇公共服务中心的设置，应通盘考虑乡镇所辖范围的服务职能，综合考虑人口规模和服务半径。一般以乡镇行政管辖区域为边界，其服务半径要覆盖整个乡镇。但对于个别人口规模比较大、面积也比较大的乡镇，根据实际情况，可分设两个公共服务中心。公共服务中心的选址一般位于乡镇人民政府办公所在地。

（二）乡镇公共服务中心服务设施内容

同村公共服务站设施配置一样，乡镇公共服务中心设施内容由公共服务中心所设服务内容体系决定，我们应根据公共服务中心的服务内容来配置相应的服务设施，但乡镇公共服务中心服务设施的配置又有着自身的特殊性。

从总体来说，乡镇公共服务中心配置的服务设施包括站内“一站式”服务大厅、附属性服务设施和单体性服务设施三大部分。从服务的具体内容来看，主要包括以下几个方面。

1. 人口与信息管理服务设施。在“一站式”服务大厅内设置“人口与信息网络中心”服务窗口，配置相应的办公设备，如办公桌、电脑、网络、打印机等，下列各类服务窗口都应配置相应的办公设备，不再重复。

2. 秩序与安全服务设施。在“一站式”服务大厅内开设“综合管理执法中心”服务窗口；根据相应规定，乡镇派出所配置相应人员和设施；配置乡镇消防安全中心，配置相应消防设备；建立综治维稳中心。可考虑将原乡镇司法所融合到“一站式”服务大厅内，不再另设司法所。

3. 社会保障服务设施。在“一站式”服务大厅内开设“社会事务服务中心”窗口，并将原乡镇“社会事务科”相关职能并入此中心。建立养老院（集中式养老）、

4. 扶贫与农技服务设施。在“一站式”服务大厅内开设“农村发展服务中心”窗口，并将原有乡镇人民政府有关科室的相关职能合并进该中心。

5. 科教文化体育服务。在“一站式”服务大厅内开设“科教文体服务中心”窗口，整合原有乡镇政府机构有关科室职能。

6. 社会组织服务。在“一站式”服务大厅内开设“社会组织服务中心”窗口。

7. 物业服务设施。在“一站式”服务大厅内开设“环卫与物业服务中心”窗口。在乡镇辖区内，建设标准化的垃圾处理站，并配置相应的垃圾清运车。

8. 幼儿园。配置公办幼儿园一所。

9. 教育设施。配置满足需求的乡镇中学和乡镇中心小学。

10. 医疗卫生设施。配置满足需要的一定规模的乡镇卫生院，并建议将原人口计生功能、卫生防疫相关功能并入乡镇卫生院。

（三）乡镇公共服务中心设施配置标准

同乡村公共服务站一样，乡镇公共服务中心设施的配置标准和规模，也要考虑乡镇所辖区域面积、所辖区域人口规模及其人口结构。在乡镇人口和地域边界保持不变的情况下，可根据本辖区内人

口规模、结构和服务半径来调整公共服务设施配置规模和水平，从而整体上使公共服务达到相对均等水平。

1. 乡镇公共服务中心设置的乡镇规模

同村规模一样，不论是当前的国家和地方的规划标准，还是学界的理论建议，对乡镇规模的分类中各类乡镇的人口数量并不一致。《乡村公共服务设施规划标准》① 中根据乡镇人口数量多少，将乡镇分为特大型、大型、中型和小型乡镇，并与之相应提出了相应的基本公共服务设施用地标准，而单彦名、赵辉通过对北京研究，同样将乡镇分为特大型、大型、中型和小型乡镇，但人口数量差距很大②，具体情况如表 6—3 所示。

表 6—3　乡镇规模的人口分类标准表

标准来源 / 乡镇类型	人口规模	
	《乡村公共服务设施规划标准》	单彦名、赵辉
特大乡镇	>30000	1001 及以上
大型乡镇	10001—30000	601—1000
中型乡镇	5001—10000	201—600
小型乡镇	<5000	200 以下

各乡镇的人口规模是我们配置公共服务平台设施的重要参考因素，一般在一个乡镇配置一个公共服务中心基本能满足需要，但在个别乡镇面积和人口均比较多的情况下，可考虑在人口聚集程度比较高的中心村庄，设置乡镇公共服务中心分中心。

2. “一站式”服务大厅设施配置

乡镇公共服务中心，“人口与信息管理服务、秩序与安全服务、社会保障服务、物业服务、扶贫与农技服务、科教文化体育服

① 天津市城市规划设计研究院：《乡村公共服务设施规划标准》，中国计划出版社 2013 年版。

② 单彦名、赵辉：《北京农村公共服务设施标准建议研究》，载于《北京规划建设》2006 年第 3 期，第 28—32 页。

务、社会组织服务”均需要以窗口服务形式提供，建议以“一站式”服务大厅的形式提供窗口服务，各服务窗口以卡座形式一行排列，提供柜台式服务。

服务柜台设施配置。服务柜台布置可借鉴银行柜台设置格式，建议每个服务窗口所占柜台长度为1—1.5米左右；柜台高度可设置为0.75米，宽度在0.5米左右；各服务窗口内横置办公桌一张，办公桌宽度0.6米，长度1.0—1.5米，在设置窗口时要预留1—2个窗口位置，为今后相应服务项目进入服务平台提供条件，另个别地方可根据实际需求和特殊情况，设置相应的服务窗口。每个服务窗口配置电脑一台等相应的办公设备；服务窗口的“台牌”置于台面，或采取空中垂下布置，台牌设计美观简洁大方；柜上提供签字笔、油印、老花镜等必要设备。

共享办公设备配置。在服务大厅内，配置打印、复印和扫描设备一套，供所有服务窗口共享使用；每个公共服务站建设采取隔离方式配置档案室一间，内置档案存放设备，档案室面积建议在20—40平方米左右，如果条件允许，建议在“一站式”服务大厅内隔离设置。

服务附属设备配置。服务柜台前，空置不低于2米的走道；在服务大厅内合适地方以明晰方式简要说明每个服务窗口的工作职责、服务范围及办事流程；在服务大厅内入口或其他等显眼地方设置书报架，供存放实时性的相关政策宣传文件及书报、报纸。服务柜台前，配置不低于20人位的大厅等候座椅；在合适地方设置饮用水设备。在条件具备地方，在大厅内可设置LED综合显示屏，以供展示服务相关内容。大厅外应有显眼的公共服务站标识牌，建议各个地方可以先行独立设计，届时国家有关部门出台相关统一标准之后再做统一调整。

根据上述设施配置安排，公共服务站“一站式”服务大厅的建筑面积大约在80—120平方米之间，基本能够满足设置“一站式”服务大厅的空间需要。

3. 警务室

保留并规范原乡镇派出所相应配置设施，配置相应的警务设施设备。若有电子监控设备，警务室内设置监控室。

4. 消防站

建立标准乡镇消防站，配置消防室 1 间，面积在 20—30 平方米，其内根据乡镇标准配置相应的消防设备，配置消防车 1—2 辆。

5. 综治维稳室

整合规范原有乡镇综治维稳中心设施、设备，建筑面积为 20—30 平方米。

4. 养老院

建议该设施为应设必备公共服务设施，根据国家和地方的相应建设配置标准，建立标准化养老院。

5. 环卫物业室

配置一间环卫物业工作室，供存放一定垃圾清扫、清运工具和设备；公用设备（主要水电管网）维护设备；绿化等工具，该室建筑面积可设定在 20—30 平方米左右。配置垃圾清运车 1—2 辆。

6. 垃圾处理站

根据相应环卫和建设标准，建设配置封闭型垃圾处理站一座。如果该物业服务采取市场化方式雇佣物业公司来提供服务，则也可将此标准向物业公司建议采纳。

7. 居民文体活动中心设施

其内配置市民学校多功能室 1 间，能够容纳 200 人以上的多功能会议室，该会议室不仅可以作为市民学校场地，还可作为举办会议、开展技能培训、开展有关展览等功能之用；同时还可做放映室使用，配备相应的放映设备。建议面积不低于 200 平方米，并配备相应数量的可移动桌椅。配置乡镇图书馆一个，配置存放图书和阅览设施，建议图书标准，提供不低于 50 人的阅读座位，建筑面积建议不低于 200 平方米。配置室内多功能舞蹈室，该舞蹈室可供多功能使用，配置相应舞蹈排练等设施。建议建筑面积不低于 80 平方米。配置室外文化娱乐广场：根据需要，在有条件地方，建设一定规模的文化娱乐广场，供室外举行体育活动、文化活动使用。

8. 托儿所（托幼机构）

建议配置中心托儿所一所，目前可采取市场化方式运营，随着我国公共服务水平的提高，可逐步纳入公立范畴。

9. 幼儿园

配置公办中心幼儿园一所，其配置标准参考国家和地方有关标准。

10. 乡镇中小学

该项设施属于单体性公共服务设施，其配置参考国家和地方相关标准配置。

11. 乡镇卫生院

同村卫生服务站一样，该项服务设施配置标准参照国家和地方有关标准和政策执行。同样，可将传统的计生服务和公共卫生（卫生防疫）工作任务转移到乡镇卫生院。

（四）乡镇公共服务中心人员配置与经费来源

1. 乡镇公共服务中心人员数量配置

人员数量的配置依据主要有两个：一是服务内容或业务量，即服务本身业务属性；二是服务对象数量或服务强度，即服务对象人数多寡和需要提供的服务量。基于此，我们可以对乡镇公共服务站工作人员的数量配置做建议性标准。

乡镇公共服务中心“一站式”服务大厅人员数量配置：在“一站式”服务大厅内主要开设七个服务窗口，即“人口与信息网络中心、综合管理执法中心、社会事务服务中心、环卫物业服务中心、农村发展中心、科教文体育服务中心、社会组织服务中心”。建议每个服务窗口配置工作人员1名。同时，各服务窗口工作人员负责本窗口服务内容配置的附属设备及设施的管理和维护：如科教文体育服务中心负责“居民文体活动中心”相关设施的管理和维护。

警务室人员配置。按目前派出所人员配置标准进行配置。

消防站。配置不低于5人的消费队员（含消防车驾驶员）。

养老院人员配置。在乡镇层级，建议将养老院的配置作为必备公共服务设施配置，并按照相应的国家和地方标准配置相应人员。

环卫物业工作人员数量配置。建议环卫物业服务采取政府购买服务方式提供，环卫物业工作人员不低于5人（含垃圾车驾驶员）。

托儿所人员配置。根据国家和地方相关标准和实际需要进行人员配置。

幼儿园人员配置。根据国家和地方相关规定和现实需要配置。

乡镇卫生院人员配置。根据国家和地方有关标准进行人员配置。

中小学校人员配置。根据国家有关标准进行人员配置。

2. 乡镇公共服务中心人员组织管理方式

乡镇公共服务中心工作人员可采取政府购买服务方式，由乡镇人民政府统一组织遴选并聘用，各地根据实际情况制定相应的人员录用标准和聘用程序；工作人员工资和办公经费纳入县区级财政统筹安排，各地可根据实际情况制定相应的人员工资标准和办公经费保障办法；人员考核采取居民、乡镇联合考评的方式进行，建立人员考核和动态管理制度。

对于部分市场化运营的服务项目，建议以服务合同方式，由乡镇公共服务中心同提供服务主体签订相应的服务合同，合同中约定相应的服务标准和权责。

乡镇卫生院和中小学校人员的选聘与录用，根据国家和地方相关管理规定执行。

基于上述对乡镇公共服务中心设施和人员配置的标准分析，在此将之汇总如表6—4所示。

表6—4 乡镇公共服务中心设施及人员配置标准表

乡镇公共服务中心设施配置标准

服务种类	服务设施	应设/可设	建筑面积(m²)	人员	资金来源
综合服务	服务大厅	应设	80—120	7—10	财政
秩序安全服务	警务室	应设	20—30	国家规定	财政
	消防站	应设	20—30	5人以上	财政
	综治维稳室	应设	20—30	2人（专职）①	
社会保障服务	养老院	应设	国家标准	国家标准	财政、民间资本
环卫物业服务	物业工作室	应设	20—30	2	财政/民间资本
	垃圾处理站	应设	根据情况设定	2	财政/民间资本
科教文化体育服务	市民学校多功能室	应设	＞200	由服务大厅内各服务窗口人员负责管理	财政
	图书文化室	应设	＞200		财政
	室内舞蹈室	可设	＞80		财政
	室外体育健身设施	应设	适度配置		财政、社会捐赠
	室外小型文化广场	可设	适度配置		财政、社会捐赠
单体性服务设施	中小学	应设	国家标准	国家标准	财政
	托儿所	可设	国家标准	国家标准	财政、民间资本
	幼儿园	应设	国家标准	国家标准	财政、民间资本
	卫生院	应设	国家标准	国家标准	财政、民间资本

① 综治维稳人员采取专兼结合方式，乡镇党政机构相关部门、乡镇派出所派人兼职，成立综治委员会。

五　农村公共服务平台服务设施配置的几个问题

在农村公共服务设施配置过程中，要坚持效率与公平相平衡的原则，为达到相对最佳平衡，要注意以下问题。

1. 设施配置的现实性与超前性相结合。地方现实与居民需求是配置基本公共服务设施的基本依据，但在同时，要考虑未来社会发展趋势，要兼顾未来社会居民需求的可能性变化，所以，不论是服务设施内容，还是服务设施规模，都应作出一定超前性思考，进而进行合理设施配置。如有些服务项目和内容，在目前我国国家和地方的政策文件中，没有纳入基本公共服务范畴，但从社会发展趋势而言，具有理论合理性和社会发展应然性，在可以预期的将来，应该纳入基本公共服务范畴的，对其相关设施要做提前规划或预留相应空间与设备。

2. 设施配置的功能性与复合性相结合。一般来说，一定的设施对应相应的服务内容，设施配置首先要满足一定服务的要求，特别是专业性的服务往往需要专业性的服务设施。但同时，有部分公共服务的设施，从其功能上而言，可用于多个服务内容和项目的共享，从而避免重复建设而浪费。如市民学校、会议室、培训室等，可以综合利用。当然，对设施进行复合性利用，其前提首先是该设施能够较好满足各项服务要求，同时，要求所能够承载的服务之间没有冲突，即一种服务功能的满足不会对其他服务功能带来冲击，至少不能带来原有服务设施功能的过度缩减。

3. 设施配置的综合性与单体性相结合。农村基本公共服务设施包括综合性与单体性两种类型，二者在功能上应该互补。同时，从社会发展趋势而言，公共服务提供的集中化和流程化是基本趋势，集中化配置基本公共服务设施是基本趋势，所以，能够将多种相关服务设施进行集中配置，更有利于设施利用效率的，应集中配置。但同时，有些服务设施由于服务特殊性，必须是单体性配置，且国家对其有着单独的规范要求，应单体性配置。

4. 乡镇公共服务中心设施与村公共服务站设施配置相协调。乡镇公共服务中心，一方面是村公共服务站的上级领导和业务指导机构，同时也是基本公共服务的提供主体和公共服务的实施单元，即乡镇公共服务中心本身应该提供适合在乡镇层面上供给的公共服务。因此，乡镇公共服务中心和村公共服务站二者之间服务内容和项目的区别，决定其服务设施配置也应有所区别，但同时，要考虑二者的互补性与协调性。如在乡镇层面配置的设施，如果能够满足村级公共的需求，就无须重新配置村级公共服务设施。如环卫物业服务中，机械垃圾清运车的配置，乡镇层级配置了，一般就无须在村级层面上进行配置了。

后　记

本著作在国家实施基本公共服务均等化战略的背景下，主要对农村公共服务平台的服务内容体系和设施配置标准进行研究，同时，本著作也是本人主持的湛江市 2016 年度财政资金科技专项竞争性分配项目“农村综合服务中心的设施配置规范与服务标准研究——基于湛江实施农村基本公共服务均等化战略的个案研究”（2016A01032）的研究成果之一。

在本著作的撰写和课题的研究过程中，著者对目前学界已有的相关研究成果进行了认真研究与借鉴参考，在此表示感谢；同时，著者结合湛江市推进农村基本公共服务均等化的实践与经验进行具体化、地方化的分析，力图能对农村公共服务平台的服务内容体系和设施配置标准进行相对科学、合理、详尽的设计，但因多方面原因，可能还存在诸多不足，依然需要学界同仁的批评与指正。

本著作的出版，得益于广东省宣传文化人才专项资金（粤财教〔2015〕465 号）的资助，在此，对广东省委宣传部，特别是该部干部处和理论处诸多领导的指导和帮助表示感谢；同时，本著作的出版，也得益于中国社会科学出版社冯春风编审的指点与辛劳，冯老师的严谨、认真，在保证出版质量的同时，也使我由衷地敬佩，在此，一并表示谢意。